국제토셀위원회

TOSEL 유형분석집

JUNIOR

Section I.
Listening & Speaking

1

영어를 시작하는 단계

2

영어의 밑바탕을
다지는 단계

3

영어의 도약단계

TOSEL

TOSEL
Cocoon

유치원생

TOSEL

TOSEL
Pre Starter

초등 1,2학년

TOSEL

TOSEL
Starter

초등 3,4학년

TOSEL

TOSEL
Basic

초등 5,6학년

4

영어의 실전단계

5

영어의 고급화 단계

6

영어의 완성단계

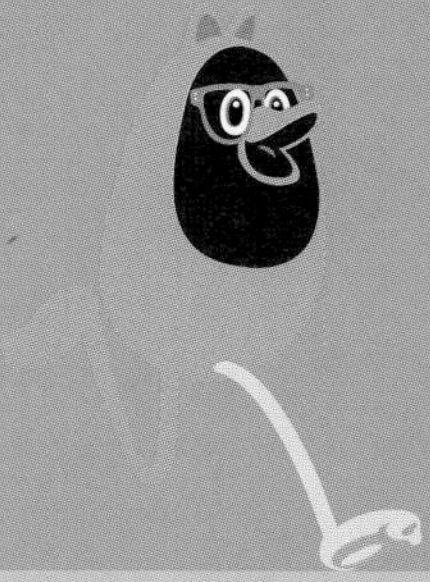

TOSEL

TOSEL

TOSEL

TOSEL Junior

중학생

TOSEL High Junior

고등학생

TOSEL Advanced

대학생, 직장인

About TOSEL®

TOSEL에 대하여

TOSEL은 각급 학교 교과과정과 연령별 인지단계를 고려하여 단계별 난이도와 문항으로 영어 숙달 정도를 측정하는 영어 사용자 중심의 맞춤식 영어능력인증 시험제도입니다. 평가유형에 따른 개인별 장점과 단점을 파악하고, 개인별 영어학습 방향을 제시하는 성적분석자료를 제공하여 영어능력 종합검진 서비스를 제공함으로써 영어 사용자인 소비자와 영어능력 평가를 토대로 영어교육을 담당하는 교사 및 기관 인사관리자인 공급자를 모두 만족시키는 영어능력인증 평가입니다.

TOSEL은 인지적-학문적 언어 사용의 유창성 (Cognitive-Academic Language Proficiency, CALP)과 기본적-개인적 의사소통능력 (Basic Interpersonal Communication Skill, BICS)을 엄밀히 구분하여 수험자의 언어능력을 가장 친밀하게 평가하는 시험입니다.

대상	목적	용도
유아, 초, 중, 고등학생, 대학생 및 직장인 등 성인	한국인의 영어구사능력 증진과 비영어권 국가의 영어 사용자의 영어구사능력 증진	실질적인 영어구사능력 평가 + 입학전형 및 인재선발 등에 활용 및 직무역량별 인재 배치

연혁

2002.02	국제토셀위원회 창설 (수능출제위원역임 전국대학 영어전공교수진 중심)
2004.09	TOSEL 고려대학교 국제어학원 공동인증시험 실시
2006.04	EBS 한국교육방송공사 주관기관 참여
2006.05	민족사관고등학교 입학전형에 반영
2008.12	고려대학교 편입학시험 TOSEL 유형으로 대체
2009.01	서울시 공무원 근무평정에 TOSEL 점수 가산점 부여
2009.01	전국 대부분 외고, 자사고 입학전형에 TOSEL 반영 (한영외국어고등학교, 한일고등학교, 고양외국어고등학교, 과천외국어고등학교, 김포외국어고등학교, 명지외국어고등학교, 부산국제외국어고등학교, 부일외국어 고등학교, 성남외국어고등학교, 인천외국어고등학교, 전북외국어고등학교, 대전외국어고등학교, 청주외국어고등학교, 강원외국어고등학교, 전남외국어고등학교)
2009.12	청심국제중 • 고등학교 입학전형 TOSEL 반영
2009.12	한국외국어교육학회, 팬코리아영어교육학회, 한국음성학회, 한국응용언어학회 TOSEL 인증
2010.03	고려대학교, TOSEL 출제기관 및 공동 인증기관으로 참여
2010.07	경찰청 공무원 임용 TOSEL 성적 가산점 부여
2014.04	전국 200개 초등학교 단체 응시 실시
2017.03	중앙일보 주관기관 참여
2018.11	관공서, 대기업 등 100여 개 기관에서 TOSEL 반영
2019.06	미얀마 TOSEL 도입 발족식 베트남 TOSEL 도입 협약식
2019.11	2020학년도 고려대학교 편입학전형 반영
2020.04	국토교통부 국가자격시험 TOSEL 반영
2021.07	소방청 간부후보생 선발시험 TOSEL 반영

About TOSEL® — TOSEL에 대하여

What's TOSEL?

"Test of Skills in the English Language"

TOSEL은 비영어권 국가의 영어 사용자를 대상으로 영어구사능력을 측정하여 그 결과를 공식 인증하는 영어능력인증 시험제도입니다.

영어 사용자 중심의 맞춤식 영어능력 인증 시험제도

맞춤식 평가

획일적인 평가에서 세분화된 평가로의 전환

TOSEL은 응시자의 연령별 인지단계에 따라 별도의 문항과 난이도를 적용하여 평가함으로써 평가의 목적과 용도에 적합한 평가 시스템을 구축하였습니다.

공정성과 신뢰성 확보

국제토셀위원회의 역할

TOSEL은 고려대학교가 출제 및 인증기관으로 참여하였고 대학입학수학능력시험 출제위원 교수들이 중심이 된 국제토셀위원회가 주관하여 사회적 공정성과 신뢰성을 확보한 평가 제도입니다.

수입대체 효과

외화유출 차단 및 국위선양

TOSEL은 해외시험응시로 인한 외화의 유출을 막는 수입대체의 효과를 기대할 수 있습니다. TOSEL의 문항과 시험제도는 비영어권 국가에 수출하여 국위선양에 기여하고 있습니다.

Why TOSEL®

왜 TOSEL인가

01 학교 시험 폐지

일선 학교에서 중간, 기말고사 폐지로 인해 객관적인 영어 평가 제도의 부재가 우려됩니다. 그러나 전국단위로 연간 4번 시행되는 TOSEL 평가시험을 통해 학생들은 정확한 역량과 체계적인 학습방향을 꾸준히 진단받을 수 있습니다.

02 연령별/단계별 대비로 영어학습 점검

TOSEL은 응시자의 연령별 인지단계 및 영어 학습 단계에 따라 총 7단계로 구성되었습니다. 각 단계에 알맞은 문항유형과 난이도를 적용해 모든 연령 및 학습 과정에 맞추어 가장 효율적으로 영어실력을 평가할 수 있도록 개발된 영어시험입니다.

03 학교내신성적 향상

TOSEL은 학년별 교과과정과 연계하여 학교에서 배우는 내용을 학습하고 평가할 수 있도록 문항 및 주제를 구성하여 내신영어 향상을 위한 최적의 솔루션을 제공합니다.

04 수능대비 직결

유아, 초, 중등시절 어렵지 않고 즐겁게 학습해 온 영어이지만, 수능시험준비를 위해 접하는 영어의 문항 및 유형 난이도에 주춤하게 됩니다. 이를 대비하기 위해 TOSEL은 유아부터 성인까지 점진적인 학습을 통해 수능대비를 자연적으로 해나갈 수 있습니다.

05 진학과 취업에 대비한 필수 스펙관리

개인별 '학업성취기록부' 발급을 통해 영어학업성취이력을 꾸준히 기록한 영어학습 포트폴리오를 제공하여 영어학습 이력을 관리할 수 있습니다.

06 자기소개서에 토셀 기재

개별적인 진로 적성 Report를 제공하여 진로를 파악하고 자기소개서 작성시 적극적으로 활용할 수 있는 객관적인 자료를 제공합니다.

07 영어학습 동기부여

시험실시 후 응시자 모두에게 수여되는 인증서는 영어학습에 대한 자신감과 성취감을 고취시키고 동기를 부여합니다.

08 AI 분석 영어학습 솔루션

국내외 15,000여개 학교/학원 단체 응시 인원 중 엄선한 100만명 이상의 실제 TOSEL 성적 데이터를 기반으로 영어인증시험 제도 중 세계 최초로 인공지능이 분석한 개인별 AI 정밀진단 성적표를 제공합니다. 최첨단 AI 정밀 진단 성적표는 최적의 영어학습 솔루션을 제시하여 영어 학습에 소요되는 시간과 노력을 획기적으로 절감해 줍니다.

09 명예의 전당, 우수협력기관 지정

우수교육기관은 'TOSEL 우수 협력 기관'에 지정되고, 각 시/도별, 최고득점자를 명예의 전당에 등재합니다.

Evaluation —— 평가

평가의 기본원칙

TOSEL은 PBT(Paper Based Test)를 통하여 간접평가와 직접평가를 모두 시행합니다.

TOSEL은 언어의 네 가지 요소인 읽기, 듣기, 말하기, 쓰기 영역을 모두 평가합니다.

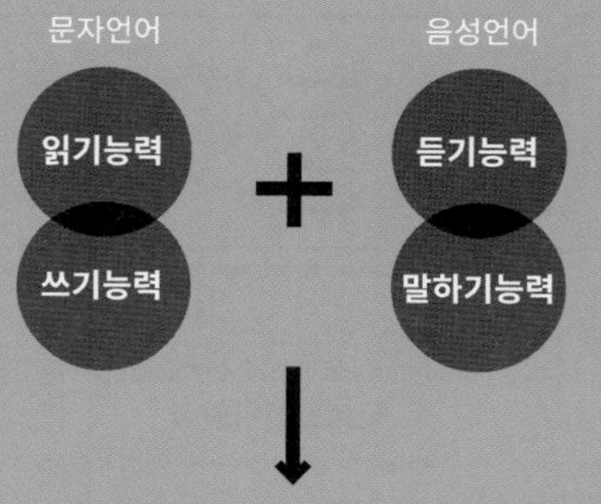

대한민국 대표 영어능력 인증 시험제도

TOSEL®

Reading 읽기	모든 레벨의 읽기 영역은 직접 평가 방식으로 측정합니다.
Listening 듣기	모든 레벨의 듣기 영역은 직접 평가 방식으로 측정합니다.
Speaking 말하기	모든 레벨의 말하기 영역은 간접 평가 방식으로 측정합니다.
Writing 쓰기	모든 레벨의 쓰기 영역은 간접 평가 방식으로 측정합니다.

TOSEL은 연령별 인지단계를 고려하여 아래와 같이 7단계로 나누어 평가합니다.

1 단계	TOSEL® COCOON	5~7세의 미취학 아동
2 단계	TOSEL® Pre-STARTER	초등학교 1~2학년
3 단계	TOSEL® STARTER	초등학교 3~4학년
4 단계	TOSEL® BASIC	초등학교 5~6학년
5 단계	TOSEL® JUNIOR	중학생
6 단계	TOSEL® HIGH JUNIOR	고등학생
7 단계	TOSEL® ADVANCED	대학생 및 성인

Grade Report — 성적표 및 인증서

영어능력 학업성취기록부

Name in full : 나토셀   Date of birth : 2000-03-09

응시회차	날짜	응시레벨	인증취득사항
토셀 제 53회 정기시험	2016-08-20	HIGH JUNIOR	1등급
토셀 제 46회 정기시험	2015-02-28	JUNIOR	1등급
토셀 제 43회 정기시험	2014-06-28	JUNIOR	3등급
토셀 제 39회 정기시험	2013-08-24	BASIC	3등급

국제토셀위원회는 나토셀(NAH TO SEL) 학생의 학업성취기록을 상기와 같이 인증합니다.

International TOSEL Committee
국제토셀위원회

국제토셀위원회 직인이 날인되지 않은 인증서는 공인 인증서로의 효력이 없으며, 인증유효기간은 응시일로부터 2년입니다.

'학업성취기록부'에 토셀 인증등급 기재

개인별 **'학업성취기록부' 평생 발급**
진학과 취업을 대비한 **필수 스펙관리**

명예의 전당(트로피&상패)

명예의 전당 등재자를 위한 명예의 상품입니다. (별도 구매)

명예의 전당 홈페이지

홈페이지에서 각 시,도 별 명예의 전당 등재자를 확인하실 수 있습니다.

명예의 전당(증명서)

명예의 전당 등재자를 위한 등재 증명서입니다.
(홈페이지 무료 출력 가능, 액자 포함 유료구매)

'토셀 명예의 전당' 등재

특별시, 광역시, 도 별 **1등 선발**
(7개시 9개도 **1등 선발**)

*홈페이지 로그인 - 시험결과 - 명예의 전당에서 해당자 등재 증명서 출력 가능

AI 정밀진단 성적표

십 수년간 전국단위 정기시험으로 축적된 빅데이터를 교육공학적으로 분석 · 활용하여 산출한 개인별 성적자료

- 정확한 영어능력진단
- 응시지역, 동일학년, 전국에서의 학생의 위치
- 섹션별 · 파트별 영어능력 및 균형 진단
- 명예의 전당 등재 여부
- 온라인 최적화된 개인별 상세 성적자료를 위한 QR코드

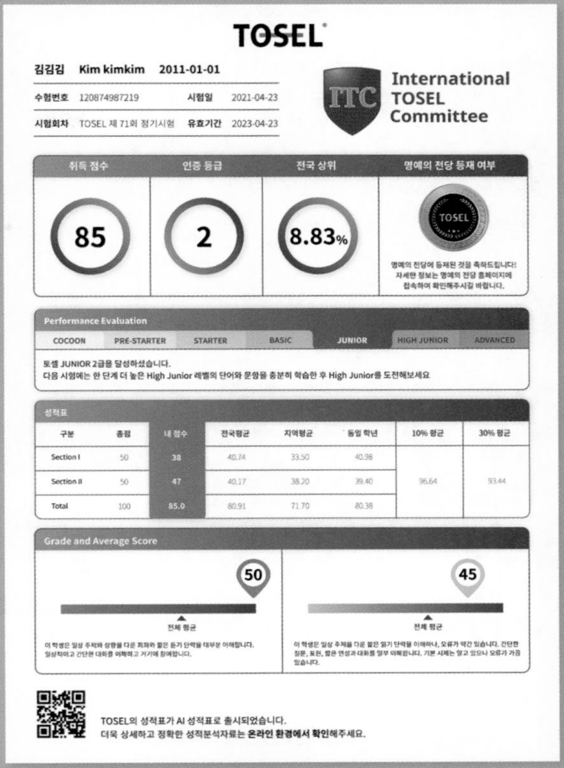

인증서

대한민국 초,중,고등학생의 영어숙달능력 평가 결과 공식인증

고려대학교 인증획득 (2010. 03) 팬코리아영어교육학회 인증획득 (2009. 10) 한국응용언어학회 인증획득 (2009. 11) 한국외국어교육학회 인증획득 (2009. 12) 한국음성학회 인증획득 (2009. 12)

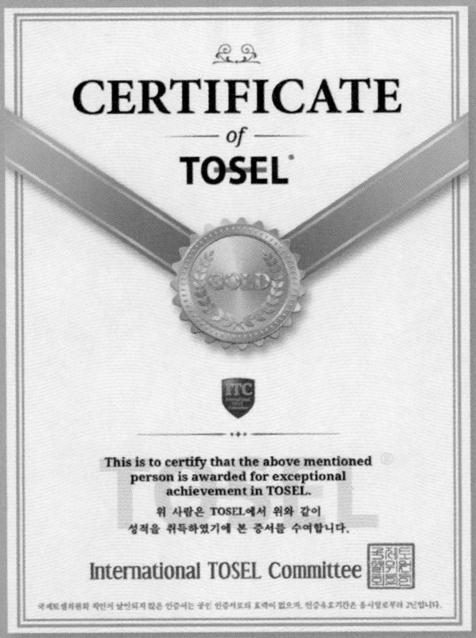

Grade Report 성적표 및 인증서

단체 및 기관 응시자 통계 분석 자료

십 수년간 전국단위 정기시험으로 **축적된 빅데이터를 교육공학적으로 분석 · 활용**하여 산출한 응시자 통계 분석 자료

정확한 영어능력진단 / 응시지역, 동일학년, 전국에서의 학생의 위치 / 섹션별 · 파트별 영어능력 및 균형 진단 / 명예의 전당 등재 여부 / 온라인 최적화된 개인별 상세 성적자료를 위한 QR코드

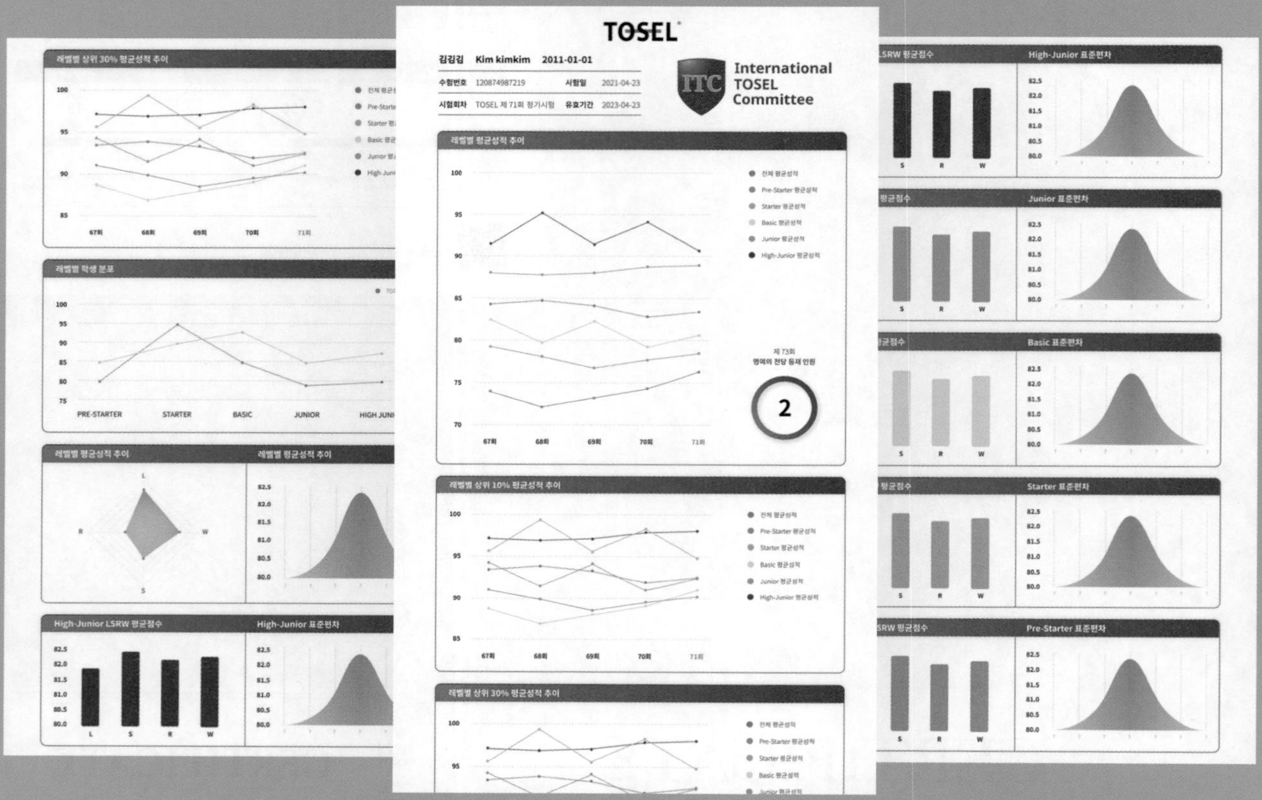

"성적표로 **나의 약점**을 파악하고, **유형분석집**으로 **보완해요!"**

성적표 연계 유형분석집 200% 활용 팁

TOSEL은 1년에 4회 전국적으로 치뤄지는 정기시험을 통해 전국 15,000여개 교육기관의 실제 토셀 성적 데이터를 기반으로 국제토셀위원회, 고려대학교 언어정보연구소, 한국데이터산업진흥원, 과학기술정보통신부와 정보통신산업진흥원이 지원하는 빅데이터 및 AI 지원사업을 통해 개발한 AI 정밀 진단 성적표를 제공하고 있습니다. AI 정밀 진단 성적표의 시험 성적 결과뿐만 아니라 응시자에게 학습 방향을 제시하는 맞춤형 분석 결과를 통해 유형 분석집을 200% 활용할 수 있는 방법을 소개합니다.

상위권 도약을 원하는 학생들을 위한 **자주 틀리는 유형의 소개 및 문제 풀이 전략**과 **공부방법**을 제시

최상위권 도약을 원하는 학생들을 위해 **해당 시험에서 출제되지 않은 유형 소개**

유형분석집을 통해 부족한 유형들을 집중적으로 공부

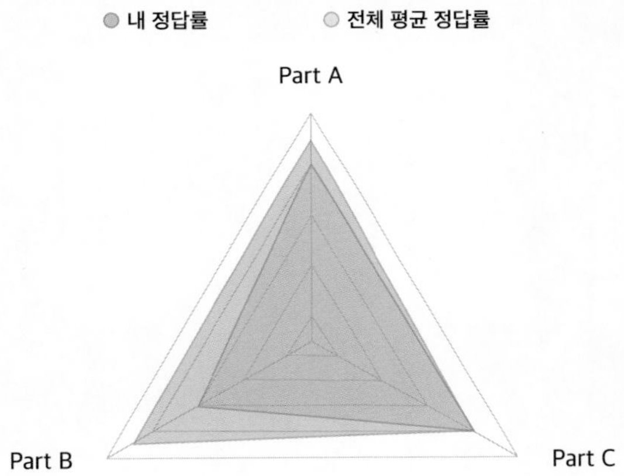

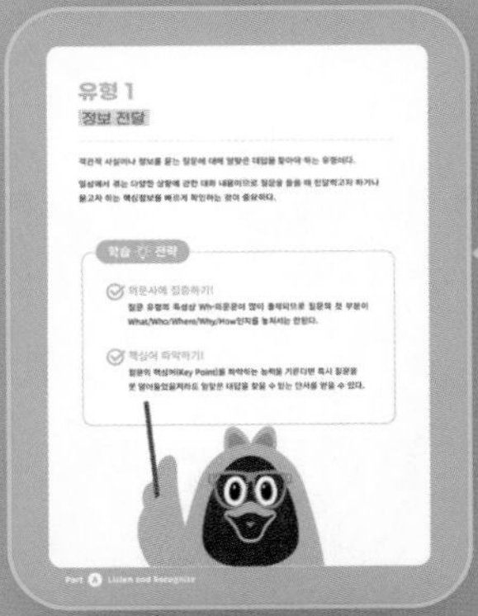

PART A. Listen and Respond

문장을 듣고, **화자가 하는 말의 핵심을 파악**하여
다음에 이어질 알맞은 대답을 고르는 파트입니다.

PART B. Listen and Retell

두 사람의 대화 또는 짧은 이야기를 듣고,
내용을 바르게 이해하여 **주어진 문제에**
알맞은 응답을 고르는 파트입니다.

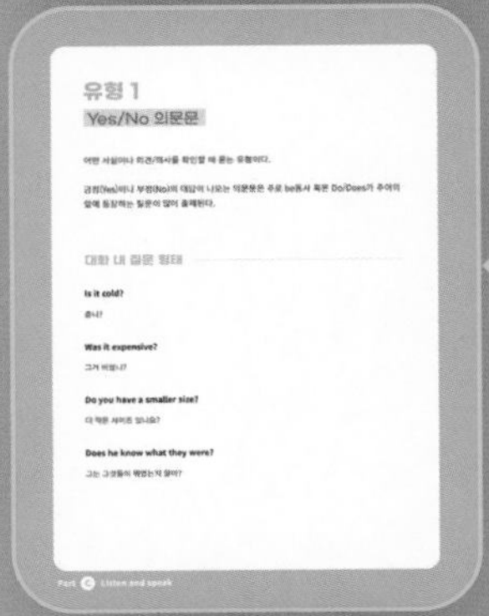

PART C. Listen and Speak

두 사람의 대화를 듣고, **내용에 대한 종합적인 이해를**
바탕으로 대화에 참여하여
마지막 말에 이어질 알맞은 대답을 고르는 파트입니다.

About this book

책 구조 한 눈에 보기

본 교재는 최근의 TOSEL 시험을 구성별로 차례차례 소개하는 **지침서**이며,
학습자들이 시험 유형을 **부담 없이** 숙지하고 습득하도록 교재를 다음과 같이 깔끔하게 구성했습니다.

Study Plan

4주 Plan 단기 집중 공략
8주 Plan 기초부터 실전까지 단계별로 정복

Overview

각 파트 시험 소개 및 학습 전략

»

학습 전략

해당 유형의 학습 전략 소개

»

Example

실전보다 약간 쉽거나 축약된 형태의 문제로 TOSEL 시험 맛보기

»

Pattern Practice

실전보다 약간 쉽거나 축약된 형태의 문제로 TOSEL 시험 맛보기

»

Practice Test

실제 시험과 동일한 형태와 수준의 문제로 실전 연습하기

Appendix

TOSEL 시험에 나오는 어휘, 표현 정리

정답과 해설

practice test 속 문제 단어와 문제의 포인트를 잡는 명쾌한 해설

About this book

유형 분류 기준

국내외 15,000여개 학교/학원 단체 응시 인원 중 엄선한 100만명 이상의 실제 TOSEL 성적 데이터를 기반으로 속성 분석 프로그램을 이용하여, 문제 유형을 분류한 것을 바탕으로 집필되었습니다.

01 파트별 유형 설명

TOSEL Junior 시험의 듣기와 말하기 Section에는 **총 3개의 파트**로 나뉘어 있습니다.
각 파트별 단원이 시작하기 전에 각각 어떤 문항이 출제되는지, 어떤 종류의 유형이 있는지, 총 몇 개의 문항으로 구성되는지 등 파트별 유형 설명을 한눈에 알아보기 쉽게 정리하였습니다.

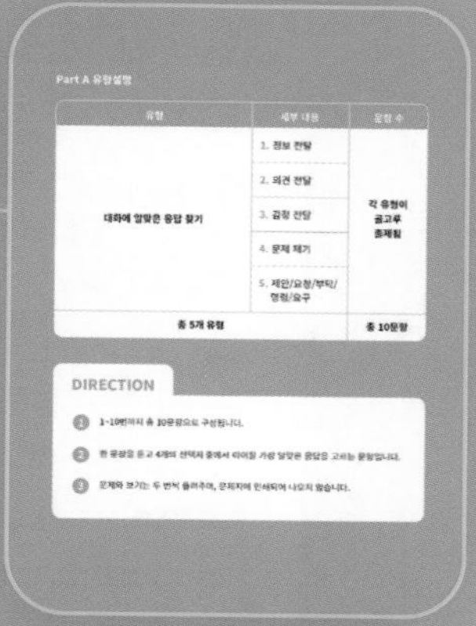

02 파트별 학습 전략

각 파트는 세부 유형으로 나누어 학습합니다. 본격적인 유형 학습에 들어가기에 앞서 **각 파트별 알짜 학습 전략**을 친절하게 알려줍니다. 문항을 풀 때 **문항 접근 방식 및 풀이 전략, 유형별 학습 방법** 등 학습 전략을 참고하여 심도 있고 수준 높은 영어 학습을 하기 바랍니다.

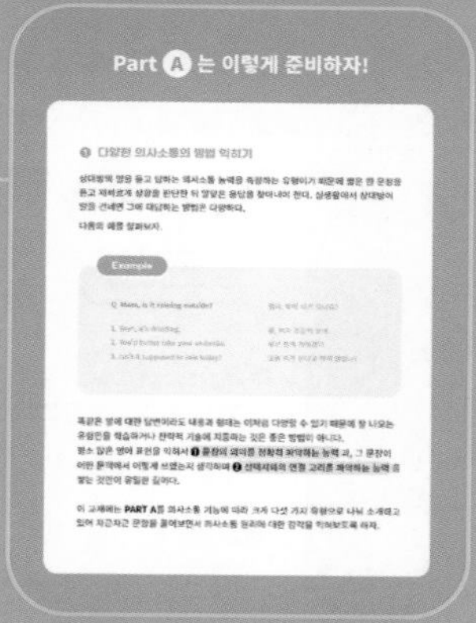

03 유형별 학습 전략

파트별 학습 전략과 더불어 **유형에 대한 구체적인 학습 전략과 풀이 방법을 제공**합니다. 유형별 학습 전략을 통해 출제자의 의도를 잘 파악하고 문제 풀이 능력을 키우는 것을 도와줍니다.

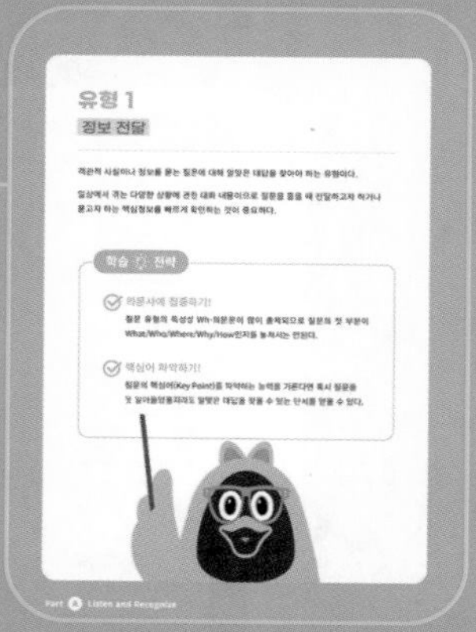

About this book

04 3단계 유형 학습

각 파트는 **세부 유형**으로 구분됩니다. 각 유형 학습은 세 단계로 나누어 학습하도록 구성하였습니다.
1단계부터 3단계까지 차근차근 학습하다 보면 자연스레 유형을 습득할 수 있도록 구성하였습니다. 세 단계는 다음과 같습니다.

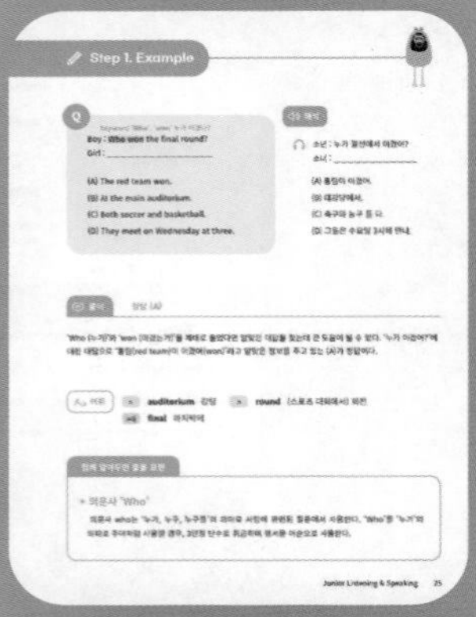

Step 1. Example

유형을 처음 익히는 단계이며, 유형마다 대표 예제가 한 문제씩 제시됩니다. 학습자는 대표 예제를 해석, 풀이, 어휘와 함께 보면서 해당 유형의 문제 형태를 익힐 수 있습니다.

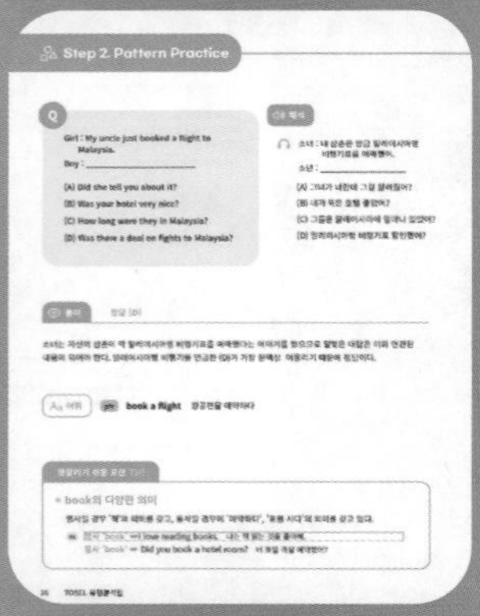

Step2. Pattern Practice

유형과 친해지는 중간 단계이며, 각 유형마다 두 문항 정도가 출제됩니다.
본격적으로 학생들이 스스로 문제를 풀고, 문항 바로 다음에 해석과 해설을 꼼꼼히 수록하여 바로 정답을 확인할 수 있도록 하였습니다.
Step1 에서 제시한 예제와 같은 패턴의 문제를 연습 하는 것이 주목적입니다.

Step3. Practice Test

유형을 완벽히 습득하는 마지막 단계이며, 각 유형마다 네 문항이 수록됩니다.
해석과 해설은 본문이 아닌, 별책인 정답 및 해설지에 따로 제공됩니다.
학생들이 스스로 실제 문항을 풀어 보며 유형을 완전히 숙지하는 단계입니다.

About this book

05 Appendix

Appendix에는 유형분석집에서 제시하고 있는 모든 단어를 알파벳 순으로 정리하여 제시하고 있습니다.

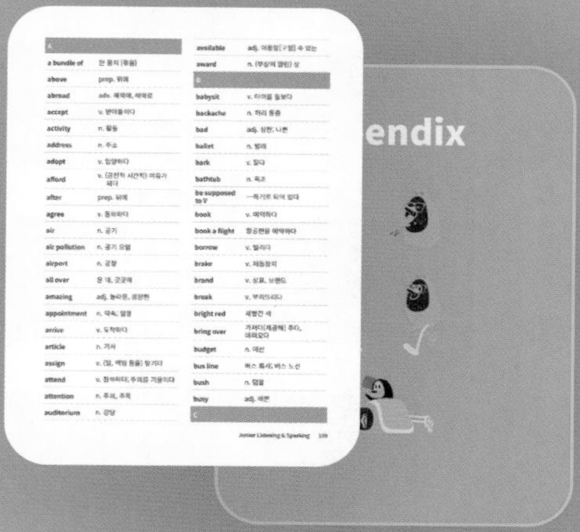

Appendix

단어들을 쉽게 찾고 공부할 수 있도록
유형분석집에 제시된 단어들을 알파벳 순으로 정리하여
제공하고 있습니다.

06 Answer

각 유형 Practice Test 단계에서 출제된 **문항의 해석과 해설이 수록**되어 있어 문제 풀이 후 자신의 학습 결과를 확인하고
복습할 수 있습니다.

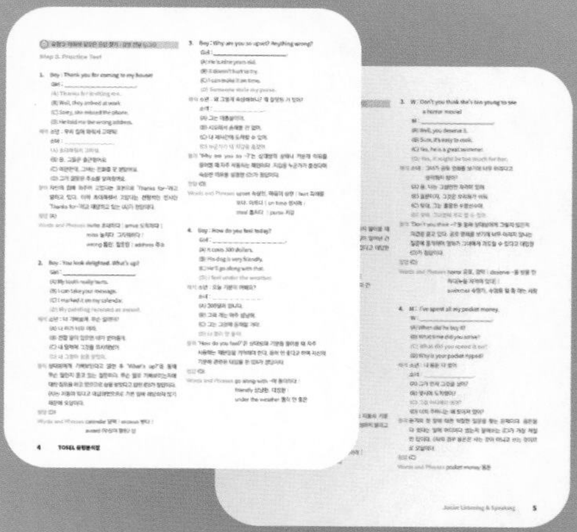

Answer

학생들이 스스로 문항을 풀어보는
Practice Test 단계의 문제 풀이 후 오답 여부를 확인할 수 있도록
문항에 대한 해석과 해설이 수록되어 있습니다.

Weekly Study Plan

4-WEEK Plan 단기간 안에 점수가 필요한 학습자를 위한 플랜

	Day 1	Day 2	Day 3	Day 4	Day 5
Week 1	Part A: 1 월 일	Part A: 2 월 일	Part A: 3 월 일	Part A: 4 월 일	Part A: 5 월 일
Week 2	Part B-1: 1 월 일	Part B-1: 2 월 일	Part B-1: 3 월 일	Part B-1: 4 월 일	Part B-1: 5 월 일
Week 3	Part B-2: 1 월 일	Part B-2: 2 월 일	Part B-2: 3 월 일	Part B-2: 4 월 일	Part C: 1 월 일
Week 4	Part C: 2 월 일	Part C: 3 월 일	Part C: 4 월 일	Appendix 월 일	Appendix 월 일

Weekly Study Plan

8-WEEK Plan 기초부터 실전까지 차근차근 정복하여 TOSEL 점수를 내고 싶은 학습자를 위한 플랜

	Day 1	Day 2	Day 3	Day 4	Day 5
Week 1	Part A: 1 월 일	Part A: 1 월 일	Part A: 2 월 일	Part A: 2 월 일	Part A: 3 월 일
Week 2	Part A: 3 월 일	Part A: 4 월 일	Part A: 4 월 일	Part A: 5 월 일	Part A: 5 월 일
Week 3	Part B-1: 1 월 일	Part B-1: 1 월 일	Part B-1: 2 월 일	Part B-1: 2 월 일	Part B-1: 3 월 일
Week 4	Part B-1: 3 월 일	Part B-1: 4 월 일	Part B-1: 4 월 일	Part B-1: 5 월 일	Part B-1: 5 월 일
Week 5	Part B-2: 1 월 일	Part B-2: 1 월 일	Part B-2: 2 월 일	Part B-2: 2 월 일	Part B-2: 3 월 일
Week 6	Part B-2: 3 월 일	Part B-2: 4 월 일	Part B-2: 4 월 일	Part C: 1 월 일	Part C: 1 월 일
Week 7	Part C: 2 월 일	Part C: 2 월 일	Part C: 3 월 일	Part C: 3 월 일	Part C: 4 월 일
Week 8	Part C: 4 월 일	Appendix 월 일	Appendix 월 일	Review 월 일	Review 월 일

Table of Contents

Intro

Section I. Listening & Speaking

Part A Listen and Respond

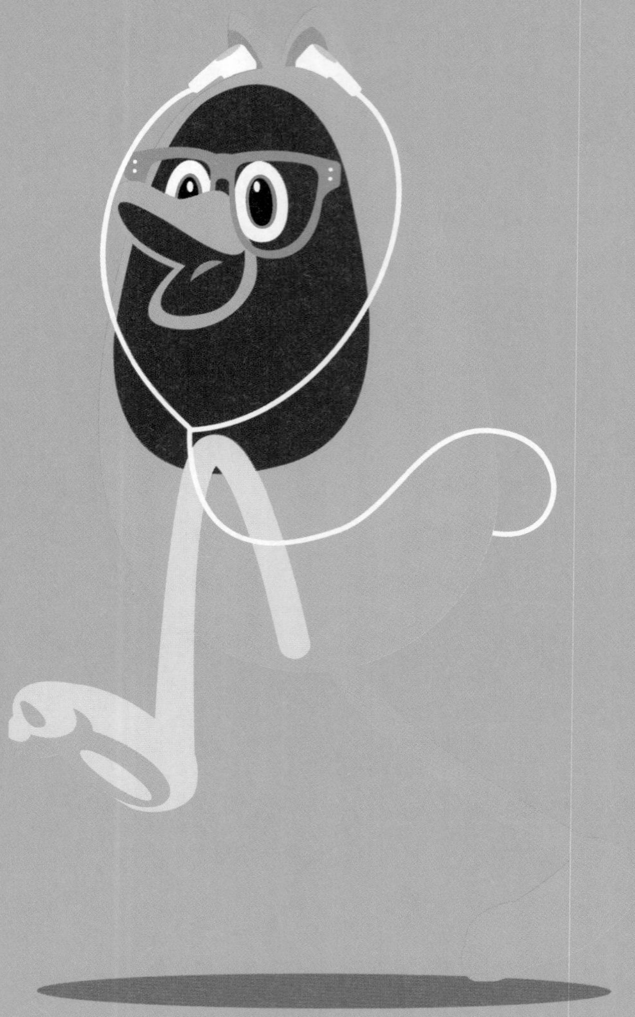

Part A 유형설명

유형	세부 내용	문항 수
대화에 알맞은 응답 찾기	1. 정보 전달	각 유형이 골고루 출제됨
	2. 의견 전달	
	3. 감정 전달	
	4. 문제 제기	
	5. 제안/요청/부탁/명령/요구	
총 5개 유형		총 10문항

DIRECTION

1. 1~10번까지 총 10문항으로 구성됩니다.
2. 한 문장을 듣고 4개의 선택지 중에서 이어질 가장 알맞은 응답을 고르는 문항입니다.
3. 문제와 보기는 두 번씩 들려주며, 문제지에 인쇄되어 나오지 않습니다.

Part Ⓐ 는 이렇게 준비하자!

❶ 다양한 의사소통의 방법 익히기

상대방의 말을 듣고 답하는 의사소통 능력을 측정하는 유형이기 때문에 짧은 한 문장을 듣고 재빠르게 상황을 판단한 뒤 알맞은 응답을 찾아내야 한다. 실생활에서 상대방이 말을 건네면 그에 대답하는 방법은 다양하다.

다음의 예를 살펴보자.

Example

Q **Mom, is it raining outside?** 엄마, 밖에 비가 오나요?

1. Yeah, it's drizzling. 응, 비가 조금씩 오네.
2. You'd better take your umbrella. 우산 챙겨 가야겠다.
3. Isn't it supposed to rain today? 오늘 비가 온다고 하지 않았나?

똑같은 말에 대한 답변이라도 내용과 형태는 이처럼 다양할 수 있기 때문에 잘 나오는 유형만을 학습하거나 전략적 기술에 치중하는 것은 좋은 방법이 아니다.
평소 많은 영어 표현을 익혀서 **❶ 문장의 의미를 정확히 파악하는 능력**과, 그 문장이 어떤 문맥에서 어떻게 쓰였는지 생각하며 **❷ 선택지와의 연결 고리를 파악하는 능력**을 쌓는 것만이 유일한 길이다.

이 교재에는 **PART A**를 의사소통 기능에 따라 크게 다섯 가지 유형으로 나눠 소개하고 있어 차근차근 문항을 풀어보면서 의사소통 원리에 대한 감각을 익혀보도록 하자.

❷ 의문사에 초점 두기

Part A 문제를 풀 때, 의문사가 무엇인지 파악하는 것이 가장 중요하다.

who/where/what/why/when/which 의문사가 들어간 문장의 대표적인 유형들을 미리 학습해두어야 한다. 각 의문문에 따라 문제 풀이 팁을 알아보도록 하자.

문제풀이 tip!

Who 의문문

누군가의 신분이나 정체에 대해 묻는 의문문이기 때문에 인물과 관련된 내용이 있는 대답을 선택해야 한다.

Where 의문문

특정 사람/사물의 위치, 장소, 방향 등을 묻는 의문문으로 답변은 '전치사 + 장소'의 형태인 경우가 많다.

What 의문문

What 뒤에 나오는 명사에 대해 묻는 질문이 출제되므로 키워드를 유의해서 들어야 한다.

Why 의문문

이유를 물을 때 쓰이기 때문에 질문에 나타난 문제점이나 상황을 유념하며 문장을 주의 깊게 들어야 한다.

When 의문문

특정 날짜/시간을 묻는 질문으로 날짜나 시간에 대한 정보가 있는 대답을 선택해야 한다.

Which 의문문

특정한 대상 중 어떤 '하나'를 묻는 질문으로 문장의 키워드에 집중하며 들어야 한다.

유형 1

정보 전달

객관적 사실이나 정보를 묻는 질문에 대해 알맞은 대답을 찾아야 하는 유형이다.

일상에서 겪는 다양한 상황에 관한 대화 내용이므로 질문을 들을 때 전달하고자 하거나 묻고자 하는 핵심정보를 빠르게 확인하는 것이 중요하다.

학습 전략

의문사에 집중하기!

질문 유형의 특성상 Wh-의문문이 많이 출제되므로 질문의 첫 부분이 What/Who/Where/Why/How인지를 놓쳐서는 안된다.

핵심어 파악하기!

질문의 핵심어(Key Point)를 파악하는 능력을 기른다면 혹시 질문을 못 알아들었을지라도 알맞은 대답을 찾을 수 있는 단서를 얻을 수 있다.

Step 1. Example

Track A-01

Q

Key Point **'Who', 'won'** 누가 이겼나?

Boy: Who won the final round?

Girl: ____________________

(A) The red team won.

(B) At the main auditorium.

(C) Both soccer and basketball.

(D) They meet on Wednesday at three.

해석

소년: 누가 결선에서 이겼어?

소녀: ____________________

(A) 홍팀이 이겼어.

(B) 대강당에서.

(C) 축구와 농구 둘 다.

(D) 그들은 수요일 3시에 만나.

풀이 정답 (A)

'Who (누가)'와 'won (이겼는가)'을 제대로 들었다면 알맞은 대답을 찾는데 큰 도움이 될 수 있다. '누가 이겼어?'에 대한 대답으로 '홍팀(red team)이 이겼어(won)'라고 알맞은 정보를 주고 있는 (A)가 정답이다.

Aa 어휘

- n **auditorium** 강당
- n **round** (스포츠 대회에서) 회전
- adj **final** 마지막의

함께 알아두면 좋을 표현

* 의문사 'Who'

의문사 who는 '누가, 누구, 누구를'의 의미로 사람에 관련된 질문에서 사용한다. 'Who'를 '누가'의 의미로 주어처럼 사용할 경우, 3인칭 단수로 취급하며 평서문 어순으로 사용한다.

Step 2. Pattern Practice

Track A-02

Q

Girl: My uncle just booked a flight to Malaysia.

Boy: ____________________

(A) Did she tell you about it?

(B) Was your hotel very nice?

(C) How long were they in Malaysia?

(D) Was there a deal on flights to Malaysia?

해석

소녀: 내 삼촌은 방금 말레이시아행 비행기표를 예매했어.

소년: ____________________

(A) 그녀가 너한테 그걸 알려줬어?

(B) 네가 묵은 호텔 좋았어?

(C) 그들은 말레이시아에 얼마나 있었어?

(D) 말레이시아행 비행기표 할인했어?

풀이 정답 (D)

소녀는 자신의 삼촌이 막 말레이시아행 비행기표를 예매했다는 이야기를 했으므로 알맞은 대답은 이와 연관된 내용이 되어야 한다. 말레이시아행 비행기를 언급한 (D)가 가장 문맥상 어울리기 때문에 정답이다.

어휘 phr **book a flight** 항공편을 예약하다

헷갈리기 쉬운 표현 Tip!

*** book의 다양한 의미**

명사일 경우 '책'의 의미를 갖고, 동사일 경우에 '예약하다', '표를 사다'의 의미를 갖고 있다.

ex 명사 'book' ➡ I love reading books. 나는 책 읽는 것을 좋아해.
동사 'book' ➡ Did you book a hotel room? 너 호텔 객실 예약했어?

Q

Boy: What are your plans for the weekend?
Girl: ______________________

(A) No, it's great news.
(B) We had pasta yesterday.
(C) Sure, of course you can.
(D) I'm going to visit my grandma.

해석

소년: 이번 주말 계획이 무엇이니?
소녀: ______________________

(A) 아니, 그건 좋은 소식이야.
(B) 우리 어제 파스타 먹었어.
(C) 물론, 당연히 너는 할 수 있어.
(D) 할머니 댁으로 갈 거야.

풀이 정답 (D)

'What are your plans'를 통해 계획을 묻고 있다는 것을 파악하는 것이 중요하다. 따라서 계획에 대한 대답으로 주말에 할머니 댁에 갈 것을 이야기한 (D)가 정답이다.

Aa 어휘 n **plan** 계획 v **visit** 방문하다

함께 알아두면 좋을 표현

* 의문사 'What'

현재 상황에서 계획을 물어보는 의문문에 경우, 질문과 상관없이 미래시제로 답해야 한다.

ex Q: **What** are her vacation plans? 그녀의 휴가 계획은 무엇이니?
A: She will travel to Hawaii. 그녀는 하와이로 여행 갈 거야.

Step 3. Practice Test

Q1

(A) She is so smart.

(B) He's at the library.

(C) He's the oldest one.

(D) She's a great singer.

Q2

(A) It's one of a kind.

(B) I used to get up at five.

(C) That's very kind of you.

(D) I used clay and metal wire.

토셀쌤의 문제 풀이 Tip!

의문사를 이용한 의문문에서 의문사가 주어인 경우와 주어가 아닌 경우가 있다. 의문사가 주어가 아닌 경우 동사의 수와 인칭은 **동사 다음에 위치한 주어와 일치**해야 한다.

Track A-04

Q3

(A) She is late for class.

(B) You look quite different.

(C) I had a bad stomachache.

(D) They enjoyed meeting you.

Q4

(A) I took the bus.

(B) I'm sure you can.

(C) I'm finishing it today.

(D) I feel great as always.

함께 알아두면 좋을 표현

*** by + 교통수단**

'by + 교통수단'은 '~(교통수단)으로/로'라는 표현으로 어떤 수단과 방법으로 이동을 했는지 설명할 때 사용하며 교통수단을 묻는 질문에서는 의문사 how를 사용한다.

유형 2

의견 전달

인물, 사물 또는 상황 등에 대해 자신의 의견을 말하거나
상대방의 의견을 묻는 질문에 대해 알맞은 대답을 찾아야 하는 유형이다.

다양한 주제에 대한 간단한 의견을 주고받기도 하지만 어떤 일에 대해 자신의 추측이나
견해 등을 주고 받는 다소 어려운 문제들도 있다는 것을 기억하자.

학습 전략

질문 유형 공략하기!

'How 의문문', 'What do you want/think~?', '평서문' 형식의 질문이
자주 등장하기 때문에 이 부분을 집중적으로 공략하자.

소재 파악하기!

인물, 사물, 상황을 중심으로 대화의 주된 소재를 파악하고 자신의 의견을
표현하는 문장 패턴들을 익힌다면 알맞은 대답을 찾는데 수월하다.

Step 1. Example

Track A-05

Q

Boy: What do you want to do this Christmas?
Girl: ____________________

(A) This Christmas is Sunday.
(B) This will be my second one.
(C) I want to go to a light festival.
(D) Next year is just around the corner.

해석

소년: 이번 크리스마스에 뭐 하고 싶니?
소녀: ____________________

(A) 이번 크리스마스는 일요일이야.
(B) 이것이 두 번째야.
(C) 불빛 축제에 가고 싶어.
(D) 내년이 머지 않았어.

풀이 정답 (C)

소년이 크리스마스 때 뭘 하고 싶은지 소녀의 의견을 물어보고 있고, 이 질문에 대해 '불빛 축제에 가고 싶다'라고 의견을 말하는 (C)가 정답이다.

Aa 어휘 adj **second** 두번째의 phr **just around the corner** 바로 다가와서, 임박하다

함께 알아두면 좋을 표현

*** What do you want ~?**

무엇을 원하는지 의견을 묻는 질문으로 일반적으로 'I want …'으로 대답한다.

ex Q: **What do you want** from me? 나한테 원하는게 뭐야?
A: **I want** your love. 난 너의 사랑을 원해.

Step 2. Pattern Practice

Track A-06

Q

Girl: How do you like your new apartment?
Boy: ______________________

(A) It's a charming city.

(B) Sure, I will come by.

(C) It's good for the price.

(D) No, it will be much quicker.

해석

소녀: 너의 새 아파트는 어때?
소년: ______________________

(A) 매력적인 도시야.

(B) 물론이지, 잠깐 들를게.

(C) 가격 대비 좋아.

(D) 아니, 훨씬 빠를 거야.

풀이 정답 (C)

'How do you like~?'는 상대방의 생각이나 의견을 묻는 질문으로 소녀가 'new apartment(새 아파트)'가 어떤지 묻고 있는 질문이므로 가격에 대비하여 최고라고 답한 (C)가 정답이다.

어휘 adj **charming** 매력적인 adj **quick** 빠른, 신속한

헷갈리기 쉬운 표현 Tip!

*** How do you like ~?**

'like(좋아하다)'때문에 헷갈릴 수 있으나, 'How do you like'는 좋아하는 여부에 대해 묻는 표현이 아닌 상대방의 의견과 생각을 물을 때 사용하는 표현이다.

ex **How did you like** my book? 내 책 어땠어?

Track A-07

Q

Boy: May I ask why you wish to cancel your subscription?

Girl: ______________________

(A) I know that's true.

(B) It's a hot topic now.

(C) You are a careful reader.

(D) The content is disappointing.

해석

소년: 구독을 왜 취소하려고 하시는지 여쭤봐도 될까요?

소녀: ______________________

(A) 그게 사실이란 것을 알아요.

(B) 지금 대중의 관심이 많은 주제예요.

(C) 당신은 신중한 독자에요.

(D) 내용이 실망스러워요.

풀이 정답 (D)

'Why' 의문사를 이용하여 이유를 묻는 질문이라는 것에 주목해야 한다. 'subscription(구독)'을 취소한 이유에 대해 묻는 질문이므로 이에 대한 답변으로 내용이 실망스럽다고 대답한 (D)가 정답이다.

Aa 어휘 v **cancel** 취소하다 n **subscription** 구독 v **disappoint** 실망시키다

함께 알아두면 좋을 표현

∗ 의문사 'Why'

의문사 why 는 '왜'라는 뜻으로 상대방에게 이유를 질문할 때 사용한다.

ex Why is he crying? 그는 왜 울어?

Why did you miss the class? 너 왜 수업 빠졌어?

Step 3. Practice Test

Q1

(A) He’s a great songwriter.

(B) Please turn up the volume.

(C) It’s performed by Gloria Choi.

(D) Try writing a bit every single day.

Q2

(A) He won’t finish it.

(B) She will return it for you.

(C) We will have a cup of tea.

(D) It was absolutely wonderful.

토셀쌤의 문제 풀이 Tip!

‘How’가 단독으로 의문문에 사용되면 ‘어떻게’의 의미로 쓰인다.
‘How + be 동사’ 의문문의 경우, ‘어때?’로 해석하며 상대방에게 의견을 물어볼 때 사용한다.

Track A-08

Q3

(A) I don't like cats.

(B) She's truly amazing.

(C) He did well on the exam.

(D) It took me almost a year.

Q4

(A) Try it again later.

(B) They'll be all black.

(C) Much better than expected.

(D) Make sure you don't click it.

함께 알아두면 좋을 표현

*** How + do 조동사 + 주어 + go?**

'어떻게 되었어?'의 의미로 주어가 어떠했는지에 대해 물어볼 때 자주 사용하는 표현이다.

ex How **did** her presentation **go**? 그녀의 발표는 어땠어?
How **did** the interview **go**? 인터뷰 어땠어?

유형 3

감정 전달

다양한 주제에 대한 개인적인 감정이나 기분을 전달하는 말에 대해 알맞은 대답을 찾아야 하는 유형이다.

화자가 받은 선물이나 도움에 대한 감사, 좋은 소식에 대한 기쁨, 어떤 상황에 대한 후회 또는 불평, 불만 등의 감정을 표현할 수 있다.

학습 전략

감정을 표현하는 단어 익히기!

슬픔, 기쁨, 분노와 같은 감정은 물론 'confused', 'ashamed'와 같은 구체적인 감정에 대한 단어들도 익혀두면 도움이 된다.

의사소통의 맥락 파악하기!

짧은 한 문장을 듣고 상황을 파악하고 그에 반응하는 감정으로 알맞은 것을 고르는 능력이 필요하다.

Step 1. Example

Track A-09

Q

Boy: Did you hear that Yoon-mi is moving?
Girl: ____________________

(A) The shoes are on sale.

(B) No, the boxes are gone.

(C) Yes, I'm so sad about it.

(D) I will bring your luggage in.

해석

소년: 너 윤미가 이사한다는 것 들었어?
소녀: ____________________

(A) 신발이 할인 중이야.

(B) 아니, 박스는 없어졌어.

(C) 응, 나는 너무 슬퍼.

(D) 내가 네 짐을 가져올게.

풀이 정답 (C)

'Did you hear that ~?'으로 소녀에게 어떤 소식을 들었는지 확인하고 있다. 그에 대한 대답으로 'Yes'라고 대답한 뒤 이사한다는 소식에 대한 감정을 이야기 한 (C)가 정답이다.

Aa 어휘 v **move** 이사하다; 움직이다 phr **on sale** 할인 중인 n **luggage** 짐

함께 알아두면 좋을 표현

* move의 다양한 의미

'위치를 옮기다', '움직이다' 외의 다양한 의미를 알아보자.

ex Yoon is moving to Seoul. 윤이 서울로 이사간다.
Your speech moved my heart. 네 연설이 내 마음을 감동시켰어.

Step 2. Pattern Practice

Track A-10

Q

Boy: Are you ready for tomorrow's concert?
Girl: ______________________

(A) What a nice violin.

(B) Yes, I'm really excited.

(C) Well, long time no see.

(D) Yes, you can borrow it.

해석

소년: 내일 연주회는 준비됐어?
소녀: ______________________

(A) 정말 멋진 바이올린이네.

(B) 응, 나는 정말 신이 나.

(C) 음, 안 본지 오래 됐구나.

(D) 응, 너는 그것을 빌려갈 수 있어.

풀이 정답 (B)

'Are you ready for ~?'는 어떤 것을 준비하고 있는지 물을 때 자주 사용하는 패턴이다. 따라서 준비되었는지에 대한 대답으로 'Yes'라고 대답한 뒤, 신난다는 감정을 더한 (B)가 가장 적절한 답이다.

어휘 n **concert** 연주회, 콘서트 adj **excited** 신이 난, 들뜬

헷갈리기 쉬운 표현 Tip!

* Are you ready for ~?

'Are you ready for ~?'는 상대방에게 미래에 예정된 것을 잘 준비하고 있는지를 묻는 표현으로 'Yes'나 'No'로 대답할 수 있다.

Track A-11

Q

Boy: You look tired today.
Girl: ____________________

(A) I love musicals.

(B) The weather is fabulous.

(C) There's a new bread shop.

(D) I'm stressed about my interview.

해석

소년: 너 오늘 피곤해 보여.
소녀: ____________________

(A) 나는 뮤지컬을 엄청 좋아해.

(B) 날씨가 굉장히 좋아.

(C) 새로운 빵집이 있어.

(D) 면접 때문에 스트레스야.

풀이 정답 (D)

'Look tired'는 상대방이 지치고 피곤해 보일 때 사용하는 표현이다. 따라서 이에 대한 대답으로 피곤한 이유를 말한 (D)가 정답이다.

Aa 어휘 adj **tired** 피곤한, 지친 adj **fabulous** 기막히게 좋은

함께 알아두면 좋을 표현

* 스트레스와 관련된 표현

스트레스와 관련된 다양한 표현들을 알아두자.

ex under stress 스트레스를 받고 있는 stress (사람) out ~에게 스트레스를 주다
stressed out 스트레스가 쌓인 stressed about ~때문에 스트레스를 받은

Step 3. Practice Test

Q1

(A) Thanks for inviting me.

(B) Well, they arrived at work.

(C) Sorry, she missed the phone.

(D) He told me the wrong address.

Q2

(A) My tooth really hurts.

(B) I can take your message.

(C) I marked it on my calendar.

(D) My painting received an award.

토셀쌤의 문제 풀이 Tip!

"What's up?"은 잘 지냈는지 **안부를 물어보는 표현**으로 "How are you?"와 동등한 인사 표현이며 위의 질문처럼 무슨 일이 있었는지 물어보는 경우에도 사용할 수 있다.

Track A-12

Q3

(A) He is nine years old.

(B) It doesn't hurt to try.

(C) I can make it on time.

(D) Someone stole my purse.

Q4

(A) It costs 300 dollars.

(B) His dog is very friendly.

(C) He'll go along with that.

(D) I feel under the weather.

헷갈리기 쉬운 표현 Tip!

∗ Why are you so ~?

'Why are you so~'는 뒤에 형용사를 붙여 상태나 감정등의 이유를 묻는다. 'Why are you ~ing?'는 '왜 ~하고 있어?' 라는 의미로 어떠한 행위의 이유를 묻는 질문이다. 헷갈리지 않도록 주의해야 한다.

유형 4

문제 제기

일상생활에서 발생하는 문제를 제기하는 말에 대해 알맞은 대답을 찾아야 하는 유형이다.

이 유형에서는 화자가 직접적으로 문제점을 언급하거나, 화자의 질문이나 대답 속에서 문제점이 드러나기도 한다.

학습 전략

문제가 무엇인지 파악하기!

대화에서 상대방이 문제로 삼고 있는 상황이 무엇인지 파악해야 그에 대한 응답을 정확히 고를 수 있다.

말의 강세에 귀기울이기!

질문 유형의 특성상 성우의 억양이 높거나 강세를 둔 부분에서 바로 문제점을 알아차릴 수도 있다.

Step 1. Example

Track A-13

Q

Boy: Lucy spilled soup all over my clothes.
Girl: ________________________

(A) Was there a good one?

(B) Can you get the stains out?

(C) Is it very hot out right now?

(D) Do you prefer tea or water?

해석

소년: Lucy가 내 옷에 스프를 엎질렀어.
소녀: ____________________

(A) 뭐 좋은 게 있었어?

(B) 얼룩이 지워질 수 있을까?

(C) 지금 밖이 많이 더워?

(D) 차와 물 중 어떤 것이 좋아?

풀이 정답 (B)

소년이 성급한 목소리로 스프를 엎질렀다고 소녀에게 문제를 제시한 상황이다. 따라서 이에 대해 '얼룩이 제거 될 수 있을까' 라고 반문한 (B)가 정답이다.

Aa 어휘

v **spill** 엎지르다 phr **all over** 온 데, 곳곳에 n **clothes** 옷
n **stain** 얼룩 v **prefer** 선호하다

함께 알아두면 좋을 표현

* **spilled ~**

'~를 쏟다/엎지르다'의 의미로 무엇을 실수로 쏟았을 때 자주 사용하는 표현이다.

ex My little brother **spilled** milk all over the table. 내 남동생은 식탁 위에 우유를 엎질렀다.

Step 2. Pattern Practice

Track A-14

Q

Boy: Why are you in such a hurry?
Girl: ______________________

(A) I have smaller bills.
(B) He can go at this speed.
(C) You may pay around $15.
(D) My train leaves in 10 minutes.

해석

소년: 왜 그렇게 서둘러?
소녀: ______________________

(A) 나 소액권 있어.
(B) 그는 이 속도로 갈 수 있어.
(C) 약 15달러정도 지불하면 될거야.
(D) 기차가 10분 내로 출발해.

풀이 정답 (D)

'Why' 의문사는 어떤 것의 이유를 물어보고 있다는 것에 주목해야 한다. 서두르는 이유로 기차가 10분 내로 출발하기 때문이라고 대답한 (D)가 정답이다.

Aa 어휘 n **small bill** 잔돈, 소액권 v **pay** 지불하다 v **leave** 떠나다, 출발하다

헷갈리기 쉬운 표현 Tip!

* hurry

'서두르다'라는 의미로 무언가를 빠르게 해야 할 때 사용할 수 있는 표현이다. 'Hurry' 또는 'rush' 같은 표현이 나오면 시간과 관련된 대답이 나올 것을 미리 유추할 수 있다.

ex We have to **hurry** up! 우리는 서둘러야 해!

Track A-15

Q

Boy: Do you have a room for two people?
Girl: ______________________

(A) We had a wonderful meal.
(B) We don't take credit cards.
(C) Sorry, we're fully booked.
(D) Sure, I'll bring you four plates.

해석

소년: 2인용 방이 있나요?
소녀: ______________________

(A) 저희는 멋진 식사를 했어요.
(B) 저희는 신용카드를 받지 않아요.
(C) 죄송하지만, 예약이 꽉 차 있어요.
(D) 네, 접시 4개 가져다 드리겠습니다.

풀이 정답 (C)

'A room for two people(2인용 방)'을 통해 방을 예약하기 위해 물어보는 문제이다. 듣기에서 죄송하다고 하며 예약이 꽉 차 있다고 대답한 (C)가 정답이다. Book'은 '책'뿐만 아니라 '예약하다'라는 뜻도 있다는 것을 주의해야한다.

Aa 어휘

- n **credit card** 신용카드
- v **bring** 가져다[제공해] 주다
- v **book** 예약하다

함께 알아두면 좋을 표현

* room의 다양한 의미

room은 명사로 '방' 혹은 '(호텔 등의) 객실'을 뜻한다. 나아가 'room for improvement(개선해야 할 여지)'에서 'room'은 '방'이 아닌 '여지'를 뜻하므로 미리 알아두도록 하자.

Step 3. Practice Test

Q1

(A) You are very welcome.

(B) It has been my pleasure.

(C) She'll call you back soon.

(D) The screen cracked yesterday.

Q2

(A) Sure, I will be around.

(B) Thanks. I will go ahead.

(C) Of course. Help yourself.

(D) No worries. I have an extra key.

토셀쌤의 문제 풀이 Tip!

해결책을 제시하는 것이 아닌 화자의 질문을 듣고 상대방의 문제점을 파악하는 방식으로 출제 될 경우, **화자의 말 속 주제가 무엇인지** 정확하게 파악하고 그와 발생할 수 있는 문제를 유추할 수 있다.

Track A-16

Q3

(A) Well, you deserve it.

(B) Sure, it's easy to cook.

(C) Yes, he is a great swimmer.

(D) Yes, it might be too much for her.

Q4

(A) When did he buy it?

(B) What time did you arrive?

(C) What did you spend it on?

(D) Why is your pocket ripped?

함께 알아두면 좋을 표현

*** 질문과 대답의 주체 일치**

위 3번 문제의 경우, 주체인 'she(그녀)'가 공포영화를 보기에 어리다고 생각하는지 의견을 묻고 있다. 따라서 'her(그녀)'에게 무리라고 답해야 질문과 대답의 주체가 일치하게 된다.

유형 5

제안 / 요청 / 부탁 / 명령 / 요구

상대방에게 무엇을 하자고 제안하거나 무엇을 해달라고 요청, 부탁 또는 명령을 하는 말에 대해 알맞은 대답을 찾아야 하는 유형이다.

상대방은 이러한 제안이나 명령에 대해 수긍 또는 거절의 대답을 할 수 있고, 다른 대안을 제시할 수도 있다.

학습 전략

제안하는 표현 익히기!

부탁할 때, 요구할 때, 요청할 때 등등 상대방에게 제안하는 표현들을 미리 익혀두면, 빠르게 내용을 파악하고 답을 고를 수 있다.

중심 내용 파악하기!

정확한 대답을 고르기 위해서 핵심 단어들을 통해 상대방이 어떠한 상황에 있고, 무엇을 원하는지 파악하는 것이 중요하다.

Step 1. Example

Track A-17

Q

Boy: Could you pick up some shampoo while you're out?

Girl: ______________________

(A) No, it's on Friday.

(B) Yes, my hair is too long.

(C) Great, I don't mind showing you.

(D) Sure, just tell me the brand name.

해석

소년: 나간 김에 샴푸 하나 사다 줄 수 있어?

소녀: ______________________

(A) 아니, 그건 금요일이야.

(B) 응, 내 머리가 너무 길어.

(C) 좋지, 못 보여줄 거 없지.

(D) 물론이지, 브랜드명만 말해줘.

풀이 정답 (D)

'Could you ~?'라는 표현을 사용하여 상대방에게 '샴푸 하나를 사다 줄 수 있느냐'고 부탁하는 질문에 부탁을 들어주겠다고 답하며 브랜드명을 알려달라고 대답한 (D)가 정답이다.

어휘

phr **pick something up** ~을 찾아오다, ~을 사오다

n **brand** 상표, 브랜드

v **mind** 언짢아하다, 상관하다, 개의하다

함께 알아두면 좋을 표현

* 부탁/요청하는 다양한 표현

상대방에게 부탁하거나 요청하는 표현들을 알아두자.

ex Could/Would/Can you ~? ~ 해주실 수 있나요?

Could/Would/Can you do me a favor? 부탁 하나 들어줄 수 있나요?

Step 2. Pattern Practice

Track A-18

Q

Girl: Which restaurant do you recommend for dinner?

Boy: ______________________

(A) Where did you get it?

(B) How long did it take?

(C) Are you sure it's over?

(D) What about the new pasta place?

해석

소녀: 저녁 식사 먹을 곳으로 어느 식당을 추천하니?

소년: ______________________

(A) 그것은 어디서 얻었어?

(B) 그것을 하는 데 얼마나 오래 걸렸어?

(C) 확실히 끝난거 맞아?

(D) 새로운 파스타 집은 어때?

풀이 정답 (D)

듣기에서 제시된 질문에 대한 적절한 맞질문을 고르는 문제이다. 저녁 식사 먹을 곳으로 어느 식당을 추천하는지 물어본 것에 대해 새로운 파스타 집은 어떤지 질문한 (D)가 정답이다.

Aa 어휘 v **recommend** 추천하다 adj **sure** 확신하는, 확실히 아는

함께 알아두면 좋을 표현

* What about ~?

'~ 하는 게 어때?'라는 의미로 상대방에게 제안, 권유를 나타내는 표현이다. 비슷한 표현으로 'How about ~?' 'What do you think about ~?' 등이 있다.

Track A-19

Q

Boy: May I put my suitcases here?

Girl: ____________________

(A) Sure, go ahead.

(B) I'm sorry to hear that.

(C) The picture is wobbly.

(D) I'd like to see the menu.

해석

소년: 제 여행 가방을 이곳에 둘 수 있을까요?

소녀: ____________________

(A) 물론이죠, 그렇게 하세요.

(B) 그렇다니 유감이네요.

(C) 그림이 흔들려요.

(D) 메뉴를 보고 싶어요.

풀이 정답 (A)

'May I ~?'는 어떤 행동을 해도 되는지 정중히 허락을 맡을 때 자주 사용하는 패턴이다. 여행 가방을 둘 수 있는지 물어보는 것에 대해 그렇게 하라고 대답한 (A)가 정답이다.

어휘 n **suitcase** 여행 가방 adj **wobbly** 흔들리는, 기우뚱한

함께 알아두면 좋을 표현

* **May I ~? vs Can I ~?**

'May I ~?'는 진실로 허락을 구하거나 부탁을 할 때 사용하지만 'Can I~?'는 가벼운 허락을 구하는 질문으로 보통 형식상으로 질문하는 의례적인 표현인 경우가 많다.

ex May I go to the restroom? 화장실에 가도 될까요? Can I ask you something? 뭐 좀 물어봐도 될까요?

Step 3. Practice Test

Q1

(A) I'll see her too, then.

(B) It's worth trying it out.

(C) Their gym is far from downtown.

(D) There's a skatepark on Adams Street.

Q2

(A) No, they are not.

(B) Sure, go right ahead.

(C) Thanks, I totally agree.

(D) Yes, stop at the stop sign.

토셀쌤의 문제 풀이 Tip!

'Is it okay if I ~?'는 '내가 ~해도 될까?'라는 의미의 허락 또는 양해를 구하거나 의향을 물어볼 때 사용하는 표현으로 if I 대신 to 부정사를 사용하여 **'Is it okay to ~?'**로도 사용한다.

Track A-20

Q3

(A) I'm glad you like it.

(B) That would be great.

(B) That's such a shame.

(C) I'm surprised she noticed.

Q4

(A) It took him forever.

(B) We went around Africa.

(C) Thanks, but I'm too full.

(D) Absolutely, it broke my heart.

헷갈리기 쉬운 표현 Tip!

∗ Would you like ~?

'~좀 먹을래?'라는 의미로 상대방에게 음식을 권유할 때 사용하는 정중한 표현이다. 또 다른 표현으로 'Would you care for more~?', 'Do you want ~?'등이 있다.

Part B Listen and Retell

Part B 유형설명

유형	세부 내용	문항 수
B-1 **전체내용 파악하기**	1. 주제/목적	**각 유형이 골고루 출제됨**
	2. 장소/관계	
B-1 **세부내용 파악하기**	3. 문제점/걱정/화자의 의도	
	4. 제안/요청/다음에 할 일	
	5. 이유/방법/시간	
B-2 **이야기 듣고 질문에 답하기**	1. 이야기/우화	
	2. 일기/일상문	
	3. 묘사문/강의/발표	
	4. 공지/일정/뉴스	
총 9개 유형		**총 15문항**

DIRECTION

1. 11~25번 까지 총 15문항으로 구성됩니다.

2. 11~25번은 짧은 대화나 이야기를 듣고 가장 알맞은 답을 고르는 문항입니다.

3. 대화는 두 번씩 들려주며 이어 나오는 질문에 알맞은 답을 골라야 합니다.
질문과 선택지는 문제지에 인쇄되어 나옵니다.

Part B - 1 은 이렇게 준비하자!

❶ 질문 먼저 보기

대화를 듣기 전, 시험지에 인쇄되어 나온 질문을 먼저 보고 핵심어(Key Point)를 파악하여 대화에서 어떤 정보를 반드시 들어야 할 지를 미리 파악해야 한다. 질문의 유형은 크게 두 개이다. 첫째, 전체 내용을 얼마나 잘 파악했는가를 물어보는 질문이며, 둘째, 대화에서 세부 사항을 얼마나 잘 포착했는지를 묻는 질문이다.

1) 전체 내용 파악

Example

Q. **What is the main topic of the conversation?**
대화의 주제를 묻는 질문이다. 주제는 대화의 전반적인 흐름을 이해하는데 중점을 두어야 한다.

Boy: Where did you get that jacket? — 그 자켓 어디서 샀니?
Girl: I'm not sure. At a secondhand shop, probably. — 잘 모르겠어. 아마, 중고가게에서 산 것 같아.
Boy: Oh, really? It looks so new. — 오, 정말? 정말 새 거 같아.

(A) winter jackets on sale — 할인 중인 겨울 자켓
(B) shopping used clothes — 중고 옷 쇼핑
(C) problems with shopping online — 온라인 쇼핑하는데 문제점
(D) where to buy secondhand books — 어디서 중고 책을 사는지

위의 대화에서 소년이 "그 자켓(jacket) 어디서 샀니?"로 대화를 시작하고 있으므로 자켓이나 옷에 관한 이야기가 시작된다는 것을 예상할 수 있다. 이에 대해 소녀는 **"중고 가게에서 산 것 같아(At a secondhand shop)."**라고 말하고 있으므로 이 대화의 주제는 '중고 옷 쇼핑'에 관한 것임을 알 수 있다.

이처럼 주제의 단서가 곳곳에 나올 수 있는 만큼 첫 문장부터 집중해서 들어야 한다.
처음부터 문맥의 상황이 드러나는 경우가 종종 있기 때문이다.

2) 세부 내용 파악하기

Example

Q **What does the man ask the woman to do?**
소년이 소녀에게 무엇을 하도록 요청하는가?

- 남자가 여자에게 무엇을 하도록 요청하는가를 묻는 세부 내용 파악 유형이다.
- 구체적인 대화 내용은 아직 모르지만, 소년이 소녀에게 무언가를 요청하는 것만큼은 확실하다.
- 두 사람의 말 모두 중요하지만, 소년이 요청을 할 확률이 높으니 **소년의 말에 더 주목**해야 한다.

❷ 선택지의 핵심어(Key Point) 파악하기

질문만큼이나 **선택지의 핵심어(Key Point)** 에도 정답의 단서를 찾을 정보가 담겨 있기 때문에 대화가 나오기 전 선택지의 핵심어(Key Point)를 파악하는 것도 매우 중요하다. 다음의 선택지를 살펴보자.

Example

Q **What does the man ask the woman to do?**
선택지의 핵심어는?

(A) buy a medical kit → medical kit (구급상자)
(B) pick up cold medicine → cold medicine (감기약)
(C) get a shoulder bandage → shoulder bandage (어깨붕대)
(D) ask the doctor a question → question (질문)

위의 질문을 보면 먼저 대화에서 남자가 여자에게 무언가를 요청한다는 것을 예측할 수 있다. 그 다음으로 선택지의 핵심어 medical kit, cold medicine, shoulder bandage, question 중 어느 하나를 요청할 것임을 또한 예측할 수 있어 보다 효율적으로 정답을 찾을 수 있다.

유형 1

주제 / 목적

대화의 주제나 목적을 묻는 유형이다.

보통 대화의 전반적인 흐름을 파악해야 정답을 찾아낼 수 있는 유형으로 대화의 초반에 단서가 제시되는 경우도 있고, 정답의 단서가 대화 곳곳에 퍼져있는 경우도 있기 때문에 대화의 전체적인 흐름을 이해해야 한다.

주제를 묻는 질문 형태

What are the speakers talking about?

화자들은 무엇에 관해 이야기하고 있는가?

What are the speakers mainly discussing?

화자들이 주로 논의하는 것은 무엇인가?

What is the main topic of the conversation?

대화의 중심 주제는 무엇인가?

목적을 묻는 질문 형태

What's the purpose of the conversation?

대화의 목적이 무엇인가?

Why does the man visit the woman?

소년은 소녀를 왜 방문했는가?

학습 전략

대화의 초반을 놓치지 말기!

대화의 초반부를 반드시 들어 대화의 상황과 흐름을 정확히 짚는 능력이 중요하다.

대화의 소재에 집중하기!

대화 속에서 화자들이 공통으로 다루는 소재에 집중하면 주제/목적을 파악하기 쉽다.

대화 흐름 파악하기!

대화를 처음부터 끝까지 자세히 듣는 것이 중요하다. 대화의 흐름을 파악하도록 하자.

지금부터 문제들을 살펴볼까요?

Step 1. Example

Q

Boy: Your Portuguese is really good. Where did you learn it?

Girl: I learned it when I lived in Portugal for a year.

Boy: That's amazing. You sound very fluent.

Q What is the main topic of the conversation?

(A) presentation skills

(B) traveling in Europe

(C) expenses for living abroad

(D) learning another language

Tip

'Fluent'는 '언어나 외국어 실력이 유창한'의 의미로 누군가가 언어나 외국어를 잘한다고 했을 때 사용할 수 있는 표현이다.

해석 Text & Question

소년: 너 포르투갈어 정말 잘 한다. 어디서 배웠어?
소녀: 일 년 동안 포르투갈에 살면서 배웠어.
소년: 놀라워. 아주 유창해.

질문: 대화의 주제는 무엇인가?

(A) 발표 기술
(B) 유럽 여행
(C) 해외에서 사는 데 드는 비용
(D) 다른 언어 배우기

풀이 정답 (D)

소년이 "Your Portuguese is really good."라고 소녀를 칭찬하고, 소녀는 'I learned it when I was living in Portugal' 이라고 하므로 (D)가 정답이다.

Aa 어휘

v	**learn**	배우다, ~을 알게 되다, 암기하다	adj	**amazing**	놀라운	adj	**fluent**	유창한
n	**Portuguese**	포르투갈어	n	**language**	언어	adv	**abroad**	해외에, 해외로

Step 2. Pattern Practice

Q

Girl: Is that Cindy from elementary school?

Boy: Oh, yes! I hardly recognized her.

Girl: I know. Her hair is so long now!

Q Which of the following are the speakers talking about?

(A) the boy's curly hair

(B) a friend from school

(C) a celebrity from a movie

(D) the girl's poor vision

Tip

대화의 중심 소재나 전반적인 내용의 흐름을 파악하는 것이 중요하다. 특히 대화의 초반부의 중요한 힌트 단어들을 반드시 듣고 대화의 주제를 이해해야 한다.

해석 Text & Question

소녀: 초등학교 때 Cindy 맞아?

소년: 오, 맞아! 그녀인지 거의 못 알아봤어.

소녀: 그러게. 그녀의 머리는 지금 엄청 길어!

질문: 다음 중 화자들이 이야기하고 있는 것은?

(A) 소년의 곱슬곱슬한 머리
(B) 학교 친구
(C) 영화의 유명인
(D) 소녀의 안 좋은 시력

풀이 정답 (B)

대화를 듣기 전 선택지를 먼저 살펴보면 어떤 사람에 대해서 이야기하고 있음을 알 수 있다. 그 사람이 누구인지에 대해 초점을 맞추어서 들으면, 'Cindy from elementary school'이 핵심 정보임을 알 수 있다. 초등학교 때 친구에 관해 이야기하고 있으므로 (B)가 정답이다.

Aa 어휘

v	**recognize**	알아보다	adj	**curly**	곱슬곱슬한	adv	**hardly**	거의 … 아니다[없다]
n	**celebrity**	유명인	n	**vision**	시력; 시야	adj	**poor**	안 좋은, 가난한

Step 3. Practice Test

Q1

Q Why is the girl calling the man?

(A) to find a bus driver
(B) to buy a movie ticket
(C) to reserve more seats
(D) to change a bus ticket

Q2

Q What is the conversation mainly about?

(A) grade
(B) test time
(C) exam content
(D) missed homework

토셀쌤의 문제 풀이 Tip!

대화를 듣기 전 어떤 정보에 대해서 물어보는지 문제를 먼저 살펴보면,
대화에서 **어떤 정보를 집중하여 들어야 할 지**를 계획하는 데에 도움이 된다.

Track B-23

Q3

Q What is the boy's purpose in the conversation?

(A) booking a camping spot
(B) finding a place to practice
(C) setting up meeting schedules
(D) getting restaurant recommendations

Q4

Q Why is the boy calling?

(A) to confirm a reservation
(B) to cancel an appointment
(C) to check Dr. Vu's schedule
(D) to reschedule an appointment

헷갈리기 쉬운 표현 Tip!

∗ available

'이용[구할] 수 있는', '여유가 있는'의 의미를 가진 단어로 room과 같은 장소와 함께 사용하여 사용 가능한지의 여부를 물을 때 사용할 수 있다.

유형 2

장소 / 관계

대화가 일어나는 장소와 화자의 관계를 묻는 유형이다.

보통 대화의 전반적인 흐름의 파악을 통해 정답을 찾아낼 수 있는 유형이다. 대화 속에서 화자들이 말하고 있는 중심 소재나 대상 또는 하고 있는 활동 등을 통해 단서가 제공된다.

장소를 묻는 질문 형태

Where are the speakers?

화자는 어디에 있는가?

Where is the conversation taking place?

대화가 이루어지는 장소는 어디인가?

Where does this conversation most likely take place?

이 대화가 이루어지는 장소로 가장 적절한 곳은 어디인가?

관계를 묻는 질문 형태

What is the most likely relationship between the speakers?

화자 간의 관계로 가장 적절한 것은 무엇인가?

To whom is the man most likely talking?

소년와 대화하고 있는 사람으로 가장 적절한 것은 누구인가?

학습 전략

힌트 단어 파악하기!

대화의 장소나 화자의 관계를 나타낼 수 있는 힌트 단어들을 잘 파악해야 한다.

관련 어휘 익혀두기!

장소/관계 유형을 풀기 위해 평소에 장소, 직업/신분 관련 어휘를 미리 익혀두는 게 중요하다.

질문 유형 익혀두기!

장소/관계와 관련된 질문 형태를 미리 익혀두면 문제를 쉽게 파악할 수 있다.

지금부터 문제들을 살펴볼까요?

Step 1. Example

Q

W: How would you like your hair done?

Boy: I'd like to dye my hair blue.

W: Sure. Let me show you some color samples.

Q Where does this conversation most likely take place?

Key Point 어디서, 대화가, 일어나는가?

(A) at a gym

(B) at a hair salon

(C) at a restaurant

(D) at a clothing store

Tip

화자들의 대화의 전반적인 내용의 흐름을 알고 알맞은 장소를 추측해야 한다. 대화 속 반복적으로 등장하는 단어를 캐치하는 것이 중심 소재를 파악하는데 큰 도움이 된다.

해석 Text & Question

여: 헤어스타일을 어떻게 해드릴까요?

소년: 파란색으로 염색해 주세요.

여: 네. 몇 가지 색상 샘플을 보여드릴게요.

질문: 대화가 일어날 수 있는 장소는 어디인가?

(A) 체육관

(B) 미용실

(C) 식당

(D) 옷 가게

풀이 정답 (B)

대화의 시작에서 여자가 "How would you like your hair done?(헤어스타일을 어떻게 해드릴까요?)"라고 묻고 있고, 소년은 "I'd like to dye my hair blue.(파란색으로 염색 해주세요.)"라고 하였으므로 (B)가 정답이다.

Aa 어휘

v **dye** 염색하다	v **show** 보여주다	n **sample** 샘플, 표본

Step 2. Pattern Practice

Q

M: How can I help you?

Girl: I have a backache problem. Here's my doctor's prescription.

M: Great. One moment, please.

Q Where does the man most likely work?

(A) at a dormitory
(B) at a pharmacy
(C) at a movie theater
(D) at a swimming pool

Tip

"How can I help you?"는 직원이 고객의 필요를 묻는 질문으로 바로 다음에 나올 고객의 대답이 정답이 될 가능성이 높으므로 주의 깊게 들어야 한다.

해석 Text & Question

남: 무엇을 도와드릴까요?

소녀: 허리 통증 문제가 있어요. 제 주치의의 처방전이에요.

남: 네. 잠깐만 기다려주세요.

질문: 남자가 일하는 장소로 가장 적절한 곳은?

(A) 기숙사에서

(B) 약국에서

(C) 영화관에서

(D) 수영장에서

풀이 정답 (B)

대화에서 소녀가 'backache problem'을 통해 자신의 아픈 곳을 이야기하고, 'prescription'을 통해 처방전을 제시했으므로 (B)가 정답이다.

Aa 어휘

- n **backache** 허리 통증
- n **prescription** 처방전
- n **dormitory** 기숙사
- n **pharmacy** 약국
- n **moment** 잠깐, 순간

Step 3. Practice Test

Q1

Q Who is the boy most likely talking to?

(A) an art teacher
(B) an airline pilot
(C) a bicycle mechanic
(D) a restaurant server

Q2

Q What is the most likely relationship between the speakers?

(A) mother - son
(B) boss - employee
(C) instructor - student
(D) bank teller - customer

토셀쌤의 문제 풀이 Tip!

‘I’d like to~’는 ‘I would like to~’의 축약된 표현으로 **‘~를 하고 싶습니다’의 의미**를 가지고 있다. ‘I’d like to’ 표현 뒤에 나오는 구문이 정답일 가능성이 높으므로 주의깊게 들어야 한다.

Track B-26

Q3

Q Where is the conversation most likely taking place?

(A) at a hotel
(B) at a school
(C) at a hospital
(D) at a museum

Q4

Q What is the most likely relationship between the speakers?

(A) teacher - parent
(B) waiter - customer
(C) student - principal
(D) classmate - classmate

헷갈리기 쉬운 표현 Tip!

＊ 호텔 객실과 침대

싱글 룸 single room – double bed
트윈 룸 twin room – two twin bed (single bed)
더블 룸 double room – queen bed / two double bed

유형 3

문제점 / 걱정 / 화자의 의도

문제점/걱정 유형은 대화 속에서 제시된 문제점이나 걱정거리를 묻는 유형이다.
화자의 의도 파악 유형은 대화 속에서 화자가 한 말의 의도를 묻는 유형이다.

기계 고장, 서비스 불량, 교통수단 지연 등 생활 속 다양한 문제점이 등장할 수 있다.
대화 도중 언급된 특정 문장에 담긴 화자의 숨겨진 의도를 잘 파악해야 한다.

문제점 및 걱정거리를 묻는 질문 형태

What is the man's problem?

소년의 문제는 무엇인가?

What is the woman worried about?

소녀는 무엇에 대해 걱정하는가?

What problem does the man mention?

소년이 언급하는 문제는 무엇인가?

화자의 의도를 묻는 질문 형태

What does the man mean when he says, "~"?

소년이 "~"라고 하는 것은 무슨 뜻인가?

Why does the woman say, "~"?

소녀는 왜, "~"라고 말하는가?

학습 전략

화자가 누구인지 구분하기!

질문을 먼저 보면 “Why is the woman worried?”처럼 특정 화자를 제시해주기 때문에 man과 woman 중 누구의 문제인지를 대화 속에서 정확히 알아내야 한다.

인용 어구 숙지하기!

질문에 인용 어구가 있다면 무조건 의도파악 문제이다. 인용 어구를 정확히 숙지한 뒤 대화 도중 인용 어구가 들리면 바로 앞뒤 문맥을 통하여 재빠르게 정답을 추론해내야 한다.

대화 자세히 듣기!

대화를 놓치지 않고 자세히 들어 대화 속에서 제시된 문제와 화자의 의도가 무엇인지 정확하게 파악하는 것이 중요하다.

지금부터 문제들을 살펴볼까요?

Step 1. Example

Q

Boy: The noise in this neighborhood is terrible.

Girl: Yes, the dog next door barks non-stop.

Boy: I couldn't sleep at all last night because of that.

Q What is the boy's problem?

Key Point 'boy's','problem' 소년의 문제는?

(A) a loud dog

(B) a scary dream

(C) a stomachache

(D) a neighbor's party

Tip

화자들의 대화 속에서 제시된 문제점이나 걱정거리가 무엇인지 파악하는 것이 중요하다. 특히 첫 번째 문장에서 힌트 단어들이 자주 나오므로 **대화의 첫 문장을 주의하여 듣는 것**이 중요하다.

Track B-27

해석 Text & Question

소년: 이 동네 소음이 너무 심해.

소녀: 응, 옆집 개가 쉬지 않고 짖어.

소년: 그것 때문에 어젯밤 한숨도 못 잤어.

질문: 소년의 문제는 무엇인가?

(A) 시끄러운 개

(B) 무서운 꿈

(C) 복통

(D) 이웃의 파티

풀이 정답 (A)

대화의 시작에서 소년은 "The noise in this neighborhood is terrible. (이 이웃집 소음이 너무 심해.)"라고 하며 소음에 관한 문제를 토로하고 있다. 이에 대해 소녀는 그 원인이 개가 짖는 것이라고 언급했으므로 (A)가 정답이다.

어휘

n **neighborhood** 근처, 이웃	n **noise** 소음	adj **last** 최근의, 마지막의
adj **terrible** 끔찍한	v **bark** 짖다	

Step 2. Pattern Practice

Q

Boy: Do you want to order Chinese food for dinner?

Girl: Oh, I had that yesterday.

Boy: Then, what about pizza?

Q Why does the girl say, "Oh, I had that yesterday."?

(A) She has Chinese food often.

(B) She can't stand Chinese food.

(C) She doesn't want Chinese food.

(D) She doesn't mind having Chinese food again.

Tip

'What about~?'은 상대방에게 어떤 것을 제안할 때 사용할 수 있는 표현이다.

ex What about going to the beach today? 오늘 해변에 가는 게 어때? What about hamburgers? 햄버거는 어때?

해석 Text & Question

소년: 오늘 저녁에 중국 음식 배달 시킬까?

소녀: 아, 난 어제 먹었어.

소년: 그럼, 피자는 어때?

질문: 소녀는 왜, "아, 난 어제 먹었어"라고 말하는가?

(A) 그녀는 중국 음식을 자주 먹는다.

(B) 그녀는 중국 음식을 싫어한다.

(C) 그녀는 중국 음식을 먹고 싶어 하지 않는다.

(D) 그녀는 중국 음식을 다시 먹어도 개의치 않는다.

풀이 정답 (C)

질문에서 소녀가 "아, 난 어제 먹었어"라고 말한 이유를 잘 파악해야 된다. 그녀는 단순히 중국 음식을 먹었다고 알려주기 위해 한 말이 아니라 중국 음식을 먹기 싫어서 말한 것이라고 예측할 수 있으므로 (C)가 정답이다.

어휘

phr **Chinese food** 중국 음식	n **dinner** 저녁 식사	adv **yesterday** 어제

Step 3. Practice Test

Q1

Q Why does the boy say, “That’s too much”?

(A) Pens are too expensive.
(B) The store is closed often.
(C) The shop is too far away.
(D) He received too many pens.

Q2

Q Why does the girl say, “You’re bright red.”?

(A) The boy is angry.
(B) The boy’s skin is burnt.
(C) The boy is embarrassed.
(D) The boy’s clothes are strange.

토셀쌤의 문제 풀이 Tip!

화자들**의 대화 속에서 제시된 문제점이나 걱정거리가 무엇인지** 파악하는 것이 중요하다. 특히 첫번째 문장에서 힌트 단어들이 자주 나오므로 대화의 첫 문장을 주의하여 듣는 것이 중요하다.

Track B-29

Q3

Q Why does the girl say, "Well, I have to babysit my little sister."?

(A) She is free tomorrow.
(B) She already has plans.
(C) She can watch the movie.
(D) She has two younger sisters.

Q4

Q What is the boy's problem?

(A) salty food
(B) sugary sauce
(C) a missing container
(D) a melting chocolate bar

헷갈리기 쉬운 표현 Tip!

* catch a movie

'Watch a movie'와 동일한 표현으로 'catch a movie'라는 표현을 사용할 수 있다.

ex Let's **catch a movie** later. 이따 영화 보러 가자.
Should we **catch a movie** before dinner? 우리 저녁 먹기 전에 영화 볼까?

유형 4

제안 / 요청 / 다음에 할 일

제안/요청/계획을 묻는 유형이다.

정답의 단서가 특히 대화의 중/후반부에서 자주 제시된다. 특히 계획을 묻는 문제는 다양한 미래 시제를 통해 대화의 단서가 제시된다.

제안 사항을 묻는 질문 형태

What does the man recommend?

소년이 제안하고 있는 것은 무엇인가?

What does the woman suggest the man do?

소녀가 소년에게 무엇을 하길 제안하고 있는가?

요청 사항/계획을 묻는 질문 형태

What does the woman ask for?

소녀가 요청하는 것은 무엇인가?

What is the man asking the woman to do?

소년은 소녀에게 무엇을 하길 요청하는가?

What will the woman most likely do next?

소녀는 다음에 할 것으로 가장 적절한 것은 무엇인가?

학습 전략

화자가 누구인지 파악하기!

문제점을 묻는 유형과 마찬가지로, 질문에서 특정 화자를 제시해주기 때문에 man과 woman 중 누구의 말에서 단서가 나올지 미리 예측할 수 있다.

요청/제안 표현 숙지하기

Part A 제안/요청/부탁/명령/요구 유형에서 공부한 표현들이 해당 유형의 정답의 단서로 등장할 수 있으니 요청/제한 표현들을 숙지하자.

특정 시점을 나타내는 단어에 집중하기!

계획을 묻는 유형의 경우, “What will the woman do this summer?”의 ‘this summer’처럼 질문에 특정 시점이 들어가 있다면 그것이 질문의 핵심어이므로 표시해두고 주의해서 들어야 한다.

지금부터 문제들을 살펴볼까요?

Step 1. Example

Q

Boy: Okay, let's get started with cleaning day.

Girl: How about you scrub the bathtub, and

I'll sweep and mop the floors?

Boy: Sounds great.

Q What does the girl suggest that the boy do?

Key Point 소녀가, 제안하는 것, 소년이, 하도록?

(A) wax the floors

(B) sweep the floors

(C) clean the bathtub

(D) mop the bathroom

Tip

"How about…?"은 "~하는 게 어때?" 의미의 상대방에게 제안하는 표현으로 뒤에 명사, 동명사, 평서문을 붙여 사용한다.

Track B-30

해석 Text & Question

소년: 자, 대청소의 날을 시작해 볼까.

소녀: 넌 욕조를 문질러 닦고, 난 바닥을 쓸고 대걸레질하는 게 어때?

소년: 좋아.

질문: 소녀는 소년에게 무엇을 하길 제안하는가?

(A) 바닥 왁스칠 하는 것

(B) 바닥 쓰는 것

(C) 욕조를 청소하는 것

(D) 욕실 대걸레질하는 것

풀이 정답 (C)

질문에서 소녀가 소년에게 무엇을 하라고 제안하는지 묻고 있다. 소녀의 말 중 'How about you scrub the bathtub ~? (넌 욕조를 문질러 닦는 게 ~?)' 에서 소년에게 '욕조를 문질러 닦는 것'을 제안하고 있으므로 (C)가 정답이다.

Aa 어휘

v **scrub** 문질러 씻다 | n **bathtub** 욕조 | v **sweep** 쓸다 | v **mop** 대걸레로 닦다

Step 2. Pattern Practice

Q

Girl: Which pizza toppings would you like?

Boy: Could I get mushrooms and peppers on one half and pepperoni on the other half?

Girl: Certainly.

Q What does the boy ask for on his pizza?

(A) extra onions

(B) meat on one half

(C) peppers removed

(D) mushrooms all over

Tip

'Could I~?'는 '~할 수 있나요?'라는 의미로 상대방에게 정중하게 질문할 때 자주 사용하는 표현이다.

Track B-31

해석 Text & Question

소녀: 어떤 피자 토핑이 좋으신가요?

소년: 버섯과 피망을 반쪽에, 페퍼로니는 나머지 반쪽에 올려주실 수 있나요?

소녀: 물론이죠.

질문: 소년이 피자 위에 올려달라고 요청한 것은 무엇인가?

(A) 여분의 양파

(B) 반쪽 위에 고기

(C) 피망 제거

(D) 모든 곳에 버섯

풀이 정답 (B)

질문에서 소년이 피자의 토핑을 어떻게 주문했는지 묻고 있다. 버섯과 피망을 반쪽에, 나머지 반쪽에는 페퍼로니를 올려달라고 하였다. 페퍼로니는 고기류이므로 (B)가 정답이다.

어휘

n **mushroom** 버섯	n **pepper** 피망; 후추	adj **removed** 제거된
n **pepperoni** 페퍼로니	n **topping** 토핑	n **onion** 양파

Step 3. Practice Test

Q1

Q What does the girl offer to do for the boy?

(A) move the chair
(B) change the rug
(C) remove the insect
(D) switch seats with him

Q2

Q What does the boy recommend doing?

(A) writing with blue ink
(B) changing an ink cartridge
(C) printing invitations by hand
(D) sending invitations by email

토셀쌤의 문제 풀이 Tip!

리스닝에서 **조동사의 축약형이 잘 들리지 않을 수 있으므로 주의**해야 한다. I'd 는 I would의 축약형으로 제안을 나타내고 있어 정답을 고르는데 영향을 주기 때문에 주의해서 듣는 것이 중요하다.

Track B-32

Q3

Q What will the girl most likely do next?

(A) buy some flowers
(B) go to Mrs. Kim's shop
(C) pick flowers off a bush
(D) exit a hospital elevator

Q4

Q What does the boy suggest?

(A) quitting the soccer team
(B) attending a big sports event
(C) trying out for a basketball team
(D) practicing a sport more frequently

헷갈리기 쉬운 표현 Tip!

∗ 전치사 on + the field

field 앞에 전치사 on이 붙는다면 스포츠 관련 '경기장에서'의 의미를 갖는다. 비슷한 표현으로 '전치사 in + the field'는 '현장에서'라는 의미로 다른 뜻을 가지고 있으므로 헷갈리지 않아야 한다.

유형 5
이유 / 방법 / 시간

이유/방법/시간을 묻는 유형이다.

이유를 묻는 유형의 경우, 화자의 심경 변화, 특정 행동을 할 수 없는 이유 등을 묻는다.
방법을 묻는 유형의 경우, 특정 경로나 어떻게 문제를 해결했는지 구체적인 방법을 묻는다.
시간을 묻는 유형의 경우, when, what time, how long 등의 의문사(구)로 구성된다.

이유/방법을 묻는 질문 형태

Why can't the woman go to the meeting?

소녀는 왜 회의에 가지 못하는가?

How did the man get a free coupon?

소년은 어떻게 무료 쿠폰을 갖게 됐는가?

시간을 묻는 질문 형태

When will the woman give her presentation?

소녀는 언제 그녀의 발표를 하는가?

How many hours did the band play?

그 밴드는 몇 시간 연주했는가?

학습 전략

단서의 위치를 예측하기!

이유를 묻는 유형의 경우, 'because, to부정사, I'm sorry (but)~' 등으로 시작하는 부분에서 단서가 나올 수 있다.

Paraphrasing에 유의하기!

대화에서 언급된 표현을 직접 사용하기보다 paraphrasing 하여 선택지에 제시될 가능성이 높다.

시간을 나타내는 표현 익혀두기!

시간을 묻는 유형의 경우, 시간을 나타낼 때 사용하는 용어들을 익혀둘 필요가 있다.

지금부터 문제들을 살펴볼까요?

Step 1. Example

Q

Boy: I've decided to join the photography club.

Girl: Good for you! How often do they meet?

Boy: Every Tuesday and Thursday.

Q How often does the club meet?

Key Point 얼마나 자주, 동아리, 만나는가?

(A) once a week

(B) twice a week

(C) once a month

(D) twice a month

Tip

'how often'은 '얼마나 자주'의 의미로 빈도수/횟수를 질문할 때 사용하는 표현이다.

Track B-33

해석 Text & Question

소년: 나 사진 찍기 동아리에 가입하기로 결정했어.

소녀: 잘됐네! 얼마나 자주 모여?

소년: 화요일과 목요일마다.

질문: 동아리는 얼마나 자주 모이는가?

(A) 일주일에 한 번

(B) 일주일에 두 번

(C) 한 달에 한 번

(D) 한 달에 두 번

풀이 정답 (B)

빈도를 묻는 의문사 'How often'을 사용하여 클럽이 얼마나 자주 모이는가를 묻고 있다. "How often do they meet?(얼마나 자주 모여?)"라는 소녀의 물음에 "Every Tuesday and Thursday. (화요일과 목요일마다.)"라고 하였으므로 (B)가 정답이다.

Aa 어휘

v **decide** 결정하다 | v **join** 가입[입회/입사/가담]하다 | n **photography** 사진 찍기

Step 2. Pattern Practice

Q

Girl: I'm shocked and delighted by my brother's success.

Boy: What happened?

Girl: He received a scholarship to the National Ballet Academy.

Q Why is the girl happy?

(A) She won a dance prize.

(B) She will become lead dancer.

(C) Her brother got a scholarship.

(D) Her brother tried dance lessons.

Tip

"What happened?"는 "무슨 일 있었어?"의 의미를 가지며 화자가 상대방의 상황을 묻는 질문이다.
바로 다음에 나올 상대방의 대답이 정답이 될 가능성이 높으므로 주의 깊게 들어야 한다.

해석 Text & Question

소녀: 내 남동생의 성공이 놀랍고 기뻐.

소년: 무슨 일인데?

소녀: 국립 발레 아카데미에서 장학금을 받았어.

질문: 소녀가 왜 행복한가?

(A) 소녀가 댄스 상을 받았다.

(B) 소녀가 리드 댄서가 될 것이다.

(C) 소녀의 남동생이 장학금을 받았다.

(D) 소녀의 남동생이 댄스 레슨을 해보았다.

풀이 정답 (C)

소녀가 행복한 이유를 묻는 질문이므로 소녀의 감정의 원인에 집중해 듣는 것이 중요하다. 그녀의 남동생이 장학금을 받았다며 (received a scholarship) 기뻐하는 내용이므로 (C)가 정답이다.

Aa 어휘

v **delight** 기쁨을 주다	adj **national** 국립의	n **scholarship** 장학금; 학문

Step 3. Practice Test

Q1

Q What is the new meeting time?

(A) 6:00 PM
(B) 6:30 PM
(C) 7:00 PM
(D) 7:30 PM

Q2

Q Why is Pedro not here?

(A) He is at a concert.
(B) He is at the airport.
(C) He is studying abroad.
(D) He is practicing the violin.

토셀쌤의 문제 풀이 Tip!

부정 의문문은 Yes나 No로 대답하는 일반의문문에 부정어가 들어간 의문문으로 대답할 때에는 질문과 상관 없이 대답이 긍정이면 Yes, 부정이면 No로 대답한다.

Track B-35

Q3

Q How can the girl get a discount?

(A) by winning a race
(B) by being 65 or over
(C) by uploading a photo
(D) by showing a student card

Q4

Q When do the guests eat?

(A) at 10 AM
(B) at 11 AM
(C) at 12 PM
(D) at 7 PM

헷갈리기 쉬운 표현 Tip!

∗ at + 시간

시간을 나타내는 전치사 on은 at 보다 조금 더 넓은 개념, in은 가장 넓은 개념이다.

at 6:30 AM 오전 6시 30분에 at lunchtime 점심시간에 at night 밤에

Part B-2 는 이렇게 준비하자!

❶ 질문과 선택지 미리 살펴보기

긴 담화문을 들으면서 동시에 필요한 정보를 파악하는 능력이 중요한 파트이기 때문에, Part B-1과 문제 접근 방식은 비슷하다. 즉, 담화를 듣기 전 질문과 선택지를 먼저 살펴보는 **전략적 듣기가 필요하다.**

다만, 1개의 지문에 2개의 질문이 나오기 때문에 더 빠른 속도로 키워드를 찾아내어 듣기 내용을 예상하는 기술이 필요하다. 다음의 예를 살펴보자.

Example

Q **What did the boy probably worry about?**
소년은 무엇을 걱정했는가?

이 질문을 읽고, **'What did'**, **'worry'**라는 **핵심어를 파악하면 소년이 무언가를 걱정하고 있다는 것을** 예상할 수 있다. 이렇게 예상한 내용이 담화문에 나올 것을 기대하면서 듣기를 준비한다면 더욱 효율적으로 핵심 내용 파악 및 문제 풀이를 할 수 있다.

❷ 담화문의 주제 파악하기

담화문은 하나의 주제를 바탕으로 구성된다. 예를 들어 담화문이 '흰개미의 집짓기'를 다루는 묘사문이라면, 갑자기 끝부분에서 '다람쥐의 생활'을 이야기하는 일은 없다. 담화문의 **주제는 보통 초반부에 제시되니,** 담화문의 앞부분에 특히 더 집중해야 한다.

❸ 긴 담화문과 친해지기

Part B-2는 한 사람이 오랫동안 한 주제에 대해 쉼 없이 이야기하는 형식으로 중간에 집중이 흐려진다거나 혹은 부담스럽게 느껴질 수 있다. 따라서 담화문의 긴 호흡을 받아들일 수 있는 **청해 능력을 길러야 한다.**

문제풀이 tip!

직청직해

본 교재의 음원을 시작으로 긴 담화를 듣고 바로 이해하는 '직청직해'하여 끊어 듣고 이해하는 연습이 필요하다.

Shadowing 학습

담화문을 들으면서 동시에 입으로 직접 내뱉으며 말해보는 쉐도잉 학습도 담화문의 내용을 이해하는 데에 도움이 된다.

Note - taking

수업을 들을 때 필기를 하는 것처럼 자신만의 메모, 즉 note-taking 습관을 들이는 등 다양한 학습 전략을 활용할 필요가 있다.

유형 1
이야기 / 우화

상상력을 발휘하여 만들어진 이야기가 나오는 유형이다.

이처럼 일상 생활에서 발생되는 일들과는 다르게 예측이 불가하므로 문맥의 흐름을 제대로 따라가 주제를 파악하고 이야기에서 드러나는 교훈이 무엇인지 파악하는 것이 중요하다.

이야기/우화 관련 질문 형태

Who ate the apple?

누가 사과를 먹었는가?

Why were the cows safe?

소들은 왜 안전했는가?

What happened at the end?

결말에 무슨 일이 일어났는가?

What was the squirrel probably looking for?

다람쥐는 무엇을 찾고 있었는가?

Which of the following would be the best title for this story?

이 이야기의 제목으로 가장 적절한 것은 어느 것인가?

학습 전략

중심 소재 파악하기!

문맥을 하나하나 잘 따라가며 중심 소재를 파악하고 흐름을 놓치지 말아야 한다.

이야기의 교훈과 주제 파악하기!

결론에서 중요한 교훈이나 주제가 자주 주어지므로 마지막 부분에 특히 집중해야 한다.

비유적인 표현 이해하기!

이야기 / 우화 특성상 비유적인 표현이 많이 등장하므로, 비유적인 표현을 통한 교훈을 이해해야 한다.

지금부터 문제들을 살펴볼까요?

Step 1. Example

Q

One day, an old teacher showed his students a bundle of sticks. He asked them to break them. No one could. The teacher then gave each just a single stick to break. They broke the sticks easily. He said, (Q1, 2) "Like these sticks, you will be strong if you are united, but weak if you are divided." The students then regretted their frequent fights.

Q1. Which would be the best title for the story?

Key Point 제목?

(A) A Student Finds a Stick

(B) The Old Man Learns to Fight

(C) A Lesson about Togetherness

(D) The Old Teacher's Last Students

Q2. Why did the teacher show his students the sticks?

Key Point 왜, 선생님이, 보여 줬나, 막대기를?

(A) to scold them about their laziness

(B) to demonstrate how to build a box

(C) to teach them how to count the sticks

(D) to help them understand why they should not fight

해석 Text & Question

어느 날, 나이가 지긋한 선생님이 그의 학생들에게 막대기 한 꾸러미를 보여주었다. 선생님은 학생들에게 그것들을 부러뜨리라고 말했다. 아무도 할 수 없었다. 그러자 선생님은 각각 한 명씩 하나의 막대기를 부러뜨리라고 주었다. 학생들은 쉽게 막대기를 부러뜨렸다. 선생님은 말했다, "이 막대기처럼 여러분들은 서로 단합하면 강해지고 분열되면 약해진단다." 그러자 학생들은 그들의 잦은 싸움에 대해 후회하게 되었다.

Q1. 이 이야기의 가장 좋은 제목은 무엇인가?

(A) 한 학생이 막대기를 찾다
(B) 한 노인이 싸움을 배우다
(C) 함께 하는 것에 관한 교훈
(D) 늙은 교사의 마지막 학생

Q2. 왜 선생님은 학생들에게 막대기를 보여주었는가?

(A) 그들의 게으름에 대해 꾸짖기 위해
(B) 상자를 만드는 방법을 시연하기 위해
(C) 막대기를 세는 방법을 가르치기 위해
(D) 그들이 왜 싸워서는 안 되는지 이해를 돕기위해

풀이 정답 (C), (D)

Q1. 막대기를 통해 싸움에 대한 경각심과 단합의 중요성에 관한 교훈을 알려주고 있으므로 (C)가 정답이다.

Q2. 선생님이 막대기를 보여준 이유를 찾는 문제로 막대기를 보여준 것은 단합의 중요성에 관한 교훈을 알려주고자 하는 이유였으므로 (D)가 정답이다.

Aa 어휘

v **show** 보여주다	adj **single** 단 하나의	phr **a bundle of** 한 뭉치 [묶음]
n **stick** 나뭇가지	v **regret** 후회하다	adj **frequent** 잦은, 빈번한
v **break** 부러뜨리다	adj **divided** 분열된	adj **united** 연합한, 통합된

Step 2. Pattern Practice

Q

It was a hot summer day. Two travelers wanted to avoid the sun. Finally, they found a tree with big leaves. They sat in the cool shade of the tree. After getting some rest, however, one traveler felt hungry. He complained, "This tree is useless. It has no fruit!" Hearing this, the tree felt angry. It decided to teach the man a lesson by ________.

Q1. What were the travelers looking for?

(A) a restaurant
(B) a water fountain
(C) beautiful flowers
(D) shelter from the hot sun

Q2. Which of the following most likely goes in the blank?

(A) finding a nearby well
(B) letting some birds build a nest
(C) changing the color of its leaves
(D) hiding its leaves so there was no shade

해석 Text & Question

더운 여름날이었다. 두 여행자가 태양을 피하고 싶었다. 마침내, 그들은 큰 잎을 가진 나무를 발견했다. 그들은 나무의 시원한 그늘에 앉았다. 하지만, 얼마간의 휴식 후에, 한 여행자가 배가 고팠다. 그가 불평했다, "이 나무는 쓸모 없어. 열매가 없잖아!" 이것을 듣자, 나무는 화가 났다. 나무는 그늘이 없도록 잎을 숨김으로써 그 소년에게 교훈을 주기로 했다.

Q1. 여행자들이 찾았던 것이 무엇인가?

(A) 식당
(B) 식수대
(C) 아름다운 꽃
(D) 뜨거운 태양으로부터의 피난처

Q2. 다음 중 빈칸에 가장 알맞은 것은?

(A) 근처의 우물 찾기
(B) 몇몇 새들이 둥지를 짓도록 두기
(C) 그 잎의 색을 바꾸기
(D) 그늘이 없도록 잎을 숨기기

풀이 정답 (D), (D)

Q1. "Two travelers wanted to avoid the sun."을 통해 태양을 피하고 싶었다는 것을 언급했으므로 (D)가 정답이다.

Q2. 나무가 자신의 도움을 받았음에도 불평한 여행자가 괘씸하여 교훈을 준다는 내용이다. 그늘 밑에 쉴 수 있는 감사함을 다시 깨우치도록 그늘을 다시 거둔다는 내용이 적절하므로 (D)가 정답이다.

Aa 어휘

n **water fountain** 식수대	n **nest** 둥지	n **shelter** 피난처
adj **useless** 쓸모없는	n **shade** 그늘	n **lesson** 교훈; 수업
v **complain** 불평하다	n **well** 우물	v **hide** 숨기다
v **change** 바꾸다	v **avoid** 피하다	adj **nearby** 가까운 곳의

Step 3. Practice Test

Q1

After you listen to the short story,
read each question and choose the best answer.

Q1. For which occasion did Mikah win the prize?

(A) a lottery
(B) a math test
(C) a marathon
(D) a singing contest

Q2. Why was the prize useless?

(A) Mikah missed the show.
(B) Mikah disliked the show.
(C) Mikah had already seen the show.
(D) Mikah received too few show tickets.

Track B-38

Q2

After you listen to the short story,
read each question and choose the best answer.

Q1. What is the story mainly about?

(A) a fox that swallowed an elephant
(B) how a fox stole an elephant's shadow
(C) a fox's boxing match with a large elephant
(D) how a fox thought it was bigger than an elephant

Q2. Why did the elephant say "And have you seen mine?"?

(A) It was in the wrong field.
(B) It could not find its jungle.
(C) It knew it had a big shadow.
(D) It wanted to show off a new stretch.

유형 2

일기 / 일상문

일상에서 발생하는 여러가지 상황이 배경이 되므로 비교적 쉽게 들을 수 있다.

따라서 중심 소재와 흐름을 잘 따라간다면 다른 유형들보다는 이해하기 쉬운 편에 속한다. 하지만 이야기 곳곳에 나온 다양한 세부 정보를 묻는 질문이 많이 출제되므로 흐름과 세부 내용도 꼼꼼히 확인하며 들어야 한다.

이야기/우화 관련 질문 형태

How long did the boy wait?

소년은 얼마나 기다렸는가?

What happened at the end?

마지막에 무슨 일이 일어났는가?

What did Beth buy for her sister?

Beth는 그녀의 여동생을 위해 무엇을 샀는가?

Where are they having the party?

그들은 어디서 파티를 하고 있는가?

How many gifts does Ono have to buy?

Ono는 얼마나 많은 선물들을 사야만 하는가?

학습 전략

질문과 선택지의 키워드 파악하기!

먼저 2개의 질문과 각 질문의 4개 선택지의 키워드를 통해 어떤 세부 내용을 묻고 있는지 파악해야 한다.

줄거리 체크하기!

전체의 줄거리와 세부 내용을 꼼꼼히 체크하며 들어야 정확한 답을 고를 수 있다.

세부 내용 자세히 듣기!

세부사항을 묻는 질문들이 많으므로 일기/일상문을 자세히 듣는 것이 중요하다.

지금부터 문제들을 살펴볼까요?

Step 1. Example

Q

I'm a huge hockey fan and am so excited about tomorrow's game. I got a discount ticket. (Q1) It was originally 150 dollars, but I got it at half price. I only had a hundred dollars, so I felt really lucky that I could afford the ticket. (Q2) My cousins are driving up from Nevada to go to the game with me.

Q1. How much did the boy pay for the ticket?

Key Point 얼마인가, 구입하는데, 티켓을?

(A) $60

(B) $75

(C) $100

(D) $150

Q2. With whom will the boy attend the game?

Key Point 누구와, 소년은, 갈 것인가, 게임에?

(A) his friends

(B) his parents

(C) his cousins

(D) his teachers

Track B-39

해석 Text & Question

나는 하키 광팬이고 내일 경기때문에 무척 들떠있다. 할인 티켓을 샀다. 원래 150 달러인데, 반 가격에 샀다. 100 달러밖에 없었는데, 난 이 티켓을 살 수 있어서 정말 운이 좋다고 느꼈다. 내 사촌들이 나와 함께 경기에 가기 위해 Nevada에서 운전해 올 것이다.

Q1. 소년이 티켓을 구매하는데 얼마를 지불했는가?

(A) 60 달러
(B) 75 달러
(C) 100 달러
(D) 150 달러

Q2. 소년은 누구와 함께 게임에 갈 것인가?

(A) 그의 친구들과
(B) 그의 부모님과
(C) 그의 사촌들과
(D) 그의 선생님들과

풀이 정답 (B), (C)

Q1. "It was originally 150 dollars, but I got it at half price."에서 원래는 150달러이지만 반 가격으로 구입했다고 했으므로 (B)가 정답이다.

Q2. "My cousins are driving up from Nevada to go to the game with me."에서 소년은 사촌들과 함께 갈 것이라고 했으므로 (C)가 정답이다.

Aa 어휘

adv	**originally**	원래	n	**cousin**	사촌	v	**afford**	(금전적·시간적) 여유가 되다
n	**discount**	할인	n	**price**	가격	phr	**drive up**	자동차로 오다
n	**game**	게임	adj	**half**	절반의	adj	**excited**	들뜬, 흥분한

Step 2. Pattern Practice

Q

My friends and I are sad about Yuji moving to another school. Her family is moving because her father got a new job in Busan. Her last day at school will be February 20th, and we will have the farewell party for her the next day. The party will last for two hours. All nine of us will sing her favorite song.

Q1. Why are the girl and her friends having a party?

(A) to welcome a new friend
(B) to say goodbye to a friend
(C) to celebrate the girl's birthday
(D) to congratulate a friend on getting a job

Q2. Which of the following is true about the party?

(A) It will be on Feb 21st.
(B) It will last for three hours.
(C) There will be a dancing show.
(D) Fewer than five people will go.

해석 Text & Question

나의 친구들과 나는 Yuji가 또다른 학교로 전학을 가게 되어 슬프다. 그녀의 가족은 그녀의 아버지가 부산에서 새로운 일자리를 얻어 이사를 갈 것이다. 학교에서의 그녀의 마지막 날은 2월 20일이고, 우리는 그녀를 위한 송별 파티를 다음날 가질 것이다. 파티는 2시간 동안 계속될 것이다. 우리 9명은 모두 Yuji에게 그녀가 매우 좋아하는 노래를 불러줄 것이다.

Q1. 왜 소녀와 그녀의 친구들이 파티를 할 예정인가?

(A) 새로운 친구를 환영하기 위해
(B) 친구에게 작별 인사를 하기 위해
(C) 소녀의 생일을 기념하기 위해
(D) 새로운 일자리를 얻은 것에 대해 친구를 축하하기 위해

Q2. 다음 중 파티에 대해 사실인 것은 무엇인가?

(A) 2월 21일에 있을 것이다.
(B) 3시간 동안 지속될 것이다.
(C) 춤 공연이 있을 것이다.
(D) 5명 이하의 사람들이 갈 것이다.

풀이 정답 (B), (A)

Q1. 소녀와 친구들이 파티를 하게 된 이유를 묻는 질문이다. Yuji가 다른 학교로 전학가기 때문에 'the farewell party (송별 파티)'를 한다는 내용이므로 (B)가 정답이다.

Q2. "Her last day at school will be February 20th, and we will have the farewell party for her the next day."를 통해 파티가 2월 20일의 다음날인 21일에 있을 예정임을 알 수 있으므로 (A)가 정답이다.

Aa 어휘

- adj **favorite** 가장 좋아하는
- n **farewell** 작별
- v **celebrate** 기념하다, 축하하다
- v **congratulate** 축하하다; 기뻐하다
- v **last** 지속하다

Step 3. Practice Test

Q1

After you listen to the short story,
read each question and choose the best answer.

Q1. Which activity did the boy's sister do in Hawaii?

(A) canoe
(B) snorkel
(C) make a craftwork
(D) learn Hawaiian dance

Q2. When did the flight to Incheon leave?

(A) 7 AM
(B) 9 AM
(C) 3 PM
(D) 4 PM

Track B-41

Q2

After you listen to the short story,
read each question and choose the best answer.

Q1. What is the main topic of the journal?

(A) a lost pencil case
(B) how to use an alarm clock
(C) bad things happening in a row
(D) why the girl hates social studies

Q2. Why was the girl assigned extra homework?

(A) because she lost her workbook
(B) because she lied to her mother
(C) because she was late for the third time
(D) because she missed her basketball practice

유형 3

묘사문 / 강의 / 발표

학교나 또는 일상 생활에서 지식이나 정보를 전달하는 지문이 나오는 유형이다.

이야기 곳곳에 나온 다양한 세부 정보를 묻는 질문이 많이 출제되므로 흐름과 세부 내용도 꼼꼼히 확인하며 들어야 한다.

묘사문/강의/발표 관련 질문 형태

What is NOT true about the speaker?

화자에 대한 사실이 아닌 것은 무엇인가?

Why does the girl most likely love her new house?

소녀가 그녀의 새로운 집을 좋아하는 가장 적절한 이유는 무엇인가?

According to the speaker, what should be added last?

화자에 의하면, 마지막으로 무엇이 추가되어야 하는가?

Which is not in Han's fried rice recipe?

Han의 볶음밥 레시피에 없는 것은 어느 것인가?

What is the best title for this lecture/presentation?

이 강의/발표에 가장 적절한 제목은 무엇인가?

학습 전략

질문과 선택지의 키워드를 확인하기!

먼저 질문들과 각 질문의 선택지의 키워드를 통해 주제를 묻고 있는지, 아니면 어떤 세부 내용을 묻고 있는지 파악해야 한다.

중심 소재와 흐름 파악하기!

주제/제목 등을 묻는 질문이라면 중심소재를 파악하고 이를 바탕으로 내용을 흐름을 잘 이해해야 한다.

집중하여 꼼꼼히 듣기!

세부사항을 묻는 질문이라면 질문의 키워드를 바탕으로 해당 키워드와 유사한 단어를 예측하여 답을 찾아내야 한다.

지금부터 문제들을 살펴볼까요?

Step 1. Example

Q

Just to review, (Q1) opportunity cost is what you give up because you choose to do something else. (Q1) For example, when you go shopping, the opportunity cost for you could be to spend the same time and money on reading books, or save it. Now, (Q1, 2) I'd like you to discuss as a group the opportunity cost of spending versus saving.

Q1. Which would be the best title for the lecture?

Key Point 제목?

(A) The History of Economics

(B) The Advantages of Saving

(C) An Overview of Opportunity Cost

(D) Great Places to Buy Low-cost Shirts

Q2. What does the lecturer ask the students to do?

Key Point 무엇을, 강의자가, 요청하는가, 학생들이, 하도록?

(A) draw a chart

(B) complete a quiz

(C) write a reflection

(D) discuss in a group

해석 Text & Question

복습해 본다면, 기회비용이란 여러분이 다른 것을 하기로 선택했기 때문에 포기하는 비용을 말합니다. 예를 들어, 여러분이 쇼핑을 갔을때 여러분의 기회비용은 독서를 하거나 저금을 하는데 똑같은 시간과 돈을 쓰는 거라고 할 수 있죠. 이제, 지출 대 저축의 기회비용에 대해 그룹 토론을 하도록 하세요.

Q1. 이 강의의 가장 좋은 제목은 무엇인가?

(A) 경제학의 역사
(B) 저축의 장점
(C) 기회비용의 개관
(D) 저가 셔츠를 살 수 있는 좋은 곳

Q2. 강의자는 학생들에게 무엇을 하도록 요청하는가?

(A) 도표 그리기
(B) 퀴즈 풀기
(C) 고찰하여 쓰기
(D) 그룹 토론하기

풀이 정답 (C), (D)

Q1. 'opportunity cost(기회비용)'를 소개하고 정의를 내린 후, 예를 들어 자세히 설명한 다음 토론을 유도하는 방식으로 강의를 마무리하고 있으므로 (C)가 정답이다.

Q2. 강의자가 학생들에게 무엇을 하도록 요청했는지를 찾아야 한다. 강의 마지막 부분 'I'd like you to discuss as a group'에서 강의자는 학생들에게 그룹 토론을 하라고 했으므로 (D)가 정답이다.

Aa 어휘

n **review** 검토, 복습	prep **versus** ~에 비해	n **spending** 지출
v **discuss** 의논하다	n **saving** 저금, 저축, 절약	phr **opportunity cost** 기회비용
phr **give up** 포기하다	v **spend** ~에 시간/돈을 쓰다	

Q

The Smartfork can help anyone concerned about health. It is an electronic fork that monitors eating speed and habits. It uses a built-in sensor that tracks hand motion. It measures the time between bites. So if you are eating too quickly, a light turns red. And if you eat food with a lot of calories, the Smartfork starts vibrating.

Q1. What does the hand motion sensor measure?

(A) fork size
(B) thumb strength
(C) hand cleanliness
(D) time between bites

Q2. How does the product signal that someone is eating high-calorie food?

(A) It stops working.
(B) It starts vibrating.
(C) Its light turns red.
(D) It makes beeping sounds.

Track B-43

해석 Text & Question

Smartfork(똑똑한 포크)는 건강이 염려되는 모든 사람에게 도움을 줄 수 있습니다. 그것은 먹는 속도와 습관을 감시하는 전기 포크입니다. 그것은 손동작을 추적하는 내장 센서를 사용합니다. 내장 센서는 씹는 사이의 시간을 측정합니다. 그래서 만약 당신이 너무 빨리 먹는다면, 빛이 빨간색으로 변합니다. 그리고 만약에 당신이 높은 칼로리의 음식을 먹는다면, Smartfork는 진동하기 시작합니다.

Q1. 손동작 센서가 측정하는 것은 무엇인가?

(A) 포크 크기

(B) 엄지손가락의 힘

(C) 손의 청결

(D) 씹는 사이의 시간

Q2. 어떻게 제품이 누군가 높은 칼로리의 음식을 먹고 있다는 신호를 보내는가?

(A) 작동을 멈춘다.

(B) 진동하기 시작한다.

(C) 제품의 빛이 빨간색이 된다.

(D) 삐 하는 소리가 난다.

풀이 정답 (D), (B)

Q1. "It uses a built-in sensor that tracks hand motion. It measures the time between bites."을 통해 센서가 씹는 사이의 간격을 측정한다는 것을 알 수 있으므로 (D)가 정답이다.

Q2. "And if you eat food with a lot of calories, the Smartfork starts vibrating."을 통해 높은 칼로리의 음식을 먹으면 제품이 진동하기 시작한다고 했으므로 (B)가 정답이다.

Aa 어휘

n	**cleanliness**	청결	v	**track**	추적하다	v	**monitor**	감시하다
adj	**electronic**	전기의	v	**measure**	측정하다	adj	**concerned**	걱정[염려]하는
n	**motion**	동작	n	**thumb**	엄지손가락	v	**vibrate**	진동하다

Step 3. Practice Test

Q1

After you listen to the short talk,
read each question and choose the best answer.

Q1. What is being described?

(A) a USB cable
(B) an air humidifier
(C) a vacuum cleaner
(D) an air pollution monitor

Q2. According to the speaker, which of the following is NOT correct about the product?

(A) Its size is compact.
(B) It connects to a USB port.
(C) It measures air temperature.
(D) Its app can be bought separately.

Track B-44

Q2

After you listen to the presentation,
read each question and choose the best answer.

Q1. What is the best title for the presentation?

(A) The Future of Homes
(B) Water Planning in Smart Cities
(C) A Forecast for Global Car Sales
(D) The Popularity of Electric Vehicles

Q2. According to the speaker, around what year will car sales peak?

(A) 2022
(B) 2025
(C) 2035
(D) 2040

유형 4

공지 / 일정 / 뉴스

학교/지역/날씨 관련 뉴스나 공지사항 등 다양한 주제의 지문이 나오는 유형이다.

공지/일정/뉴스는 대게 듣기 순서의 흐름이 비슷하게 진행되므로 각 유형별 순서 패턴을 익혀 둔다면 듣기가 수월해질 수 있다.

공지 관련 질문 형태

What kind of event is it?

그것은 어떤 종류의 행사인가?

What can listeners get at the event?

청중들은 행사에서 무엇을 얻을 수 있는가?

일정/뉴스 관련 질문 형태

How long is the train delayed?

기차가 얼마나 지연되었는가?

What is the main topic of the news?

그 뉴스의 주된 주제가 무엇인가?

학습 전략

공지/뉴스의 전개 흐름 미리 파악하기!

주제에 대해 소개 후 세부 내용을 설명하고 마무리 짓는 '공지/뉴스'의 전개 패턴을 미리 알아두면 유용하다.

일정의 전개 구조 미리 파악하기!

'일정'은 시간 순으로 나열되는 구조를 갖고 있다는 것을 미리 알아두면 어떤 부분을 집중해 들어야 할지 전략을 짤 수 있다.

집중하여 꼼꼼히 듣기!

세부사항을 묻는 질문이라면 질문의 키워드를 바탕으로 해당 키워드와 유사한 단어를 예측하여 답을 찾아내야 한다.

지금부터 문제들을 살펴볼까요?

Step 1. Example

Q

Attention, please. (Q1) We are looking for Misty Vu, a 4-year-old girl who was last seen at the zoo cafeteria. She has been missing for 2 hours. (Q2) She has a red backpack and is wearing a green jacket, jeans, and purple shoes. If you see her, please call 888-8648 or bring her to the zoo office near the main entrance.

Q1. Who is the announcement mainly about?

Key Point 누구에 관한, 공고 ?

(A) a missing child
(B) a new cafeteria cook
(C) a photo contest winner
(D) a zookeeper replacement

Q2. Which of the following is correct about Misty Vu?

Key Point 맞는 것, Misty Vu에 관해?

(A) She is 5 years old.
(B) She has a red backpack.
(C) She has green shoes on.
(D) She is at the main entrance.

해석 Text & Question

알려드립니다. 저희는 Misty Vu라는 소녀 어린이를 찾고 있습니다, 네 살이고 동물원 식당에서 본 것이 마지막이었습니다. 실종된 지 2시간 되었습니다. 그 소녀아이는 빨간색 배낭을 매고 있고 초록색 자켓, 청바지, 그리고 보라색 신발을 신고 있습니다. 그 아이를 보시면, 888-8648로 전화를 주시거나 중앙출입구 근처에 있는 동물원 사무실로 데려와 주십시오.

Q1. 누구에 관한 공고인가?

(A) 실종 아동

(B) 새 구내식당 조리사

(C) 사진대회 우승자

(D) 사육사의 교체

Q2. Misty Vu에 관해 사실인 것은 무엇인가?

(A) 그 소녀아이는 다섯 살이다.

(B) 그 소녀아이는 빨간색 배낭을 가지고 있다.

(C) 그 소녀아이는 초록색 신발을 신고 있다.

(D) 그 소녀아이는 중앙출입구에 있다.

풀이 정답 (A), (B)

Q1. 소녀 아이를 찾고 있다 했고 아이의 인상착의에 대해 설명하고 있으므로 (A)가 정답이다.

Q2. Misty Vu에 관해 사실인 것을 찾는 문제로 Misty Vu가 언급된 부분을 주의해야 한다. 'She has a red backpack'이라 언급했으므로 (B)가 정답이다.

Aa 어휘

adj	**near**	가까운	phr	**look for**	~을 찾다	n	**attention**	주의, 주목
n	**zoo**	동물원	v	**bring**	가져오다, 데려오다	phr	**main entrance**	정문
n	**office**	사무실	adj	**missing**	없어진; 실종된	n	**cafeteria**	구내 식당

Q

The Community Flea Market is this Saturday, April 14th. Interested sellers, please contact Mark for reservations. The registration fee is 60,000 won, which includes a space rental fee of 10,000 won and a deposit fee of 50,000 won. Please note that this flea market is specifically for handmade crafts. No factory-produced items, used items, or food items are accepted.

Q1. What can be sold at the market?

(A) food
(B) used items
(C) handmade crafts
(D) factory-made items

Q2. How much is the deposit fee?

(A) 10,000 won
(B) 50,000 won
(C) 60,000 won
(D) 70,000 won

Track B-46

해석 Text & Question

주민 벼룩시장이 이번 4월 14일 토요일에 있습니다. 흥미 있는 판매자는 예약을 위해 Mark에게 연락해주세요. 등록비는 60,000원이며, 공간 대여료 10,000원과 수수료 50,000원이 포함된 가격입니다. 이번 벼룩시장은 특별히 수공예품을 위한 것임에 유의해주세요. 공장 생산품, 중고품 혹은 식품은 받아들여지지 않습니다.

Q1. 시장에서 팔 수 있는 것은 무엇인가?

(A) 음식
(B) 중고품
(C) 수공예품
(D) 공장 생산품

Q2. 수수료는 얼마인가?

(A) 10,000원
(B) 50,000원
(C) 60,000원
(D) 70,000원

풀이 정답 (C), (B)

Q1. "Please note that this flea market is specifically for handmade crafts."에서 특별히 수공예품을 위한 벼룩시장이라고 언급하고 있으므로 (C)가 정답이다.

Q2. 60,000원은 등록비이며 이 중 10,000원은 공간 대여료, 50,000원은 수수료라고 언급하고 있으므로 (B)가 정답이다.

Aa 어휘

n	**flea market**	벼룩시장	phr	**handmade craft**	공예품	v	**accept**	받아들이다
n	**reservation**	예약	adv	**specifically**	특별히	n	**factory**	공장
n	**registration**	등록	phr	**deposit fee**	수수료	phr	**rental fee**	대여료

Step 3. Practice Test

Q1

After you listen to the announcement,
read each question and choose the best answer.

Q1. What kind of tour is being announced?

(A) a park tour
(B) a garden tour
(C) a campus tour
(D) a museum tour

Q2. What time does the first tour end?

(A) 11:30 AM
(B) 12:30 PM
(C) 1:30 PM
(D) 3:30 PM

Track B-47

Q2

After you listen to the news,
read each question and choose the best answer.

Q1. When did the Weather Center give a warning?

(A) June 15th
(B) June 19th
(C) June 23rd
(D) June 25th

Q2. Which does the speaker NOT mention?

(A) floods
(B) winds
(C) hailstorms
(D) thunderstorms

Part C Listen and speak

Part C 유형설명

유형	세부 내용	문항 수
의문문에 대한 응답 찾기	1. Yes/No 의문문	각 유형이 골고루 출제됨
	2. 의문사 의문문	
평서문에 대한 응답 찾기	3. 세부내용 파악하기	
	4. 문맥 파악하기	
총 4개 유형		총 5문항

DIRECTION

1. 26~30번까지 총 5문항으로 구성됩니다.
2. 대화의 마지막 질문이나 마지막 말 뒤에 이어질 가장 알맞은 응답을 주어진 질문에 맞게 고르는 유형입니다.
3. 대화는 두 번씩 들려주며 이어 나오는 질문에 알맞은 답을 골라야 합니다. 질문과 선택지는 문제지에 인쇄되어 나옵니다.

Part C 는 이렇게 준비하자!

❶ 의문사 파악하기

의문사 종류

What	Which	Where	Why	How
무엇	어떤 것	어디에	왜	어떻게

대화에 who, which, when, where, why, how 등 거의 모든 의문사가 출제되므로 그에 따른 정보를 제공하는 선택지를 골라야 한다. 의문사로 시작하는 의문문은 비교적 묻는 대상이 명확하므로 대화의 마지막 부분의 의문사를 잘 듣는다면, 정답을 고르기 수월할 것이다.

❷ 키워드 찾아내기

PART C 에서는 대화를 듣고 질문에 알맞은 답을 골라야 하기 때문에 대화의 흐름을 파악하면서 듣는 것이 가장 중요하다. 대화를 더욱 효과적으로 듣기 위한 전략으로 **키워드(Key Point) 파악이 중요하다.** 대화에서 반복적으로 언급되는 단어나 표현을 기억하고 선택지에서 그 키워드가 어떻게 언급이 되는지 확인해야 한다. 선택지에 키워드가 나와있다고 정답이 되는 것은 아니니 앞뒤 문맥도 잘 봐야 한다.

❸ 자연스러운 대답 고르기

PART C의 경우, 보통 대화의 마지막 질문에 대한 적절한 응답을 고르는 유형이 많이 출제되지만, 대화의 마지막 부분이 질문으로 끝나지 않은 경우도 있다. 이때, 어떠한 질문에 대한 **응답으로 적합한 문장을 골라야** 할 수도 있고 상대방에 대한 맞장구나 의미를 함축하는 평서문을 선택해야 되는 수가 있으므로 선택지를 자세히 살펴봐야 한다.

Example

M **This is an interesting article in the newspaper.**

W **What is it about?**

M **The psychology of liars and lying.** ➡ 대화의 마지막이 질문으로 끝나지 않은 경우

W ______________________.

(A) Did you have a paper clip?

(B) Did he send it back to her?

(C) Do they need a stamp for it?

(D) Does it explain why people lie? ➡ 기사와 관련된 이야기를 하고 있는 문장이 상대방의 마지막말에 대한 가장 적합한 응답이다.

유형 1

Yes/No 의문문

어떤 사실이나 의견/의사를 확인할 때 묻는 유형이다.

긍정(Yes)이나 부정(No)의 대답이 나오는 의문문은 주로 be동사 혹은 Do/Does가 주어의 앞에 등장하는 질문이 많이 출제된다.

대화 내 질문 형태

Is it cold?

춥니?

Was it expensive?

그거 비쌌니?

Do you have a smaller size?

더 작은 사이즈 있나요?

Does he know what they were?

그는 그것들이 뭐였는지 알아?

학습 전략

선택지의 앞뒤 내용 살피기!

선택지에 'Yes/No'와 그 뒤에 나온 대답의 내용이 서로 모순되는지 혹은 일치하는지를 파악하면 정답을 찾아낼 수 있으므로 앞뒤 내용을 자세히 살펴야 한다.

다양한 의사 표현 익히기!

단순히 Yes/No의 의사 표현이 아닌 승낙하고 거절하는 다양한 표현들이 나오니 미리 익혀두어야 한다. 예를 들어, "No, I'm good."은 "아니야, 괜찮아."라는 완곡한 거절로 일상생활에서 자주 쓰이는 표현이다.

대명사 파악하기!

대화를 듣고 선택지에 있는 대명사가 대화의 키워드를 잘 지칭하는지와 앞뒤에 오는 내용이 대화의 흐름에 맞게 자연스럽게 이어지는지 확인해야 한다.

지금부터 문제들을 살펴볼까요?

Step 1. Example

Q

Girl: What are you going to do tomorrow?

Boy: Nothing special.

Girl: Then, do you want to play badminton with me?

Boy: ________________________.

Q What's next?

(A) Yes, I'm busy.

(B) Yes, I'd love to.

(C) No, I will be free.

(D) No, I want to play badminton.

Track C-48

해석 Text & Question

소녀: 내일 뭐 하니?
소년: 특별한 거 없어.
소녀: 그럼 나랑 내일 배드민턴 칠래?
소년: ______________________.

질문: 다음으로 올 것은 무엇인가?

(A) 응, 나 바빠.
(B) 응, 좋아.
(C) 아니, 나 한가할 거야.
(D) 아니, 배드민턴 치고 싶어.

풀이 정답 (B)

소녀의 권유에 대해 소년은 긍정/부정의 대답을 할 수 있다. (A), (C), (D)는 Yes/No와 뒤에 나온 내용이 서로 모순되거나 자연스럽지 않으므로 (B)가 정답이다.

어휘

adj **free** 한가한, 계획이 없는 | adj **special** 특별한 | phr **play badminton** 배드민턴 치다

Q

Girl: Noah, I wanted to ask you something.

Boy: What is it?

Girl: Is it true that you are adopting a cat?

Boy: ________________________.

Q What's next?

(A) No, I like cats.

(B) Yes, that's great.

(C) Yes, cats are sensitive.

(D) No, I'm adopting a dog.

Track C-49

해석 Text & Question

소녀: Noah, 나 너한테 물어볼 게 있어.
소년: 뭔데?
소녀: 너 고양이 입양한다는 거 사실이야?
소년: ______________________.

질문: 다음으로 올 것은 무엇인가?

(A) 아니, 난 고양이를 좋아해.
(B) 응, 좋아.
(C) 응, 고양이들은 예민해.
(D) 아니, 난 개를 입양할 거야.

풀이 정답 (D)

소녀의 질문에서 'adopting a cat' 부분이 키워드다. 입양과 관련한 대답으로는 (D)밖에 없고 앞뒤 내용이 자연스러우므로 (D)가 정답이다.

Aa 어휘

adj **true** 사실인	v **adopt** 입양하다	adj **sensitive** 예민한

Step 3. Practice Test

Q1

After you listen to the conversations,
read the question and choose the best response.

Q What's next?

(A) Yes, she likes parties.
(B) Yes, she's at the party.
(C) No, she doesn't have enough time.
(D) No, he needs to see his grandparents.

토셀쌤의 문제 풀이 Tip!

전체적인 대화의 흐름을 잘 파악하며 듣는다. 특히 일반동사 의문문은 **'Yes/No' 또는 그에 상응하는 구체적인 답변**을 제시해야 함에 유의하며 들어야 한다.

Track C-50

Q2

After you listen to the conversations,
read the question and choose the best response.

Q What's next?

(A) No, I love horror movies.
(B) No, I don't like to exercise.
(C) Yes, horror movies are the best!
(D) Yes, let's go to the haunted house.

헷갈리기 쉬운 표현 Tip!

∗ plan to ~

'plan to ~'는 '~할 계획이다/~할 생각이다' 라는 뜻으로 앞으로 하게 될 계획이나 자신의 의도를 밝힐 때 쓰인다. 전치사 to 대신 on을 사용해 'planning on ~ing' 로도 표현할 수 있다.

유형 2
의문사 의문문

의문사를 활용해 상대의 구체적인 설명을 요구하는 문제가 나오는 유형이다.

Who(m), When, Where, What, Why, Which, How와 같은 다양한 의문사 중에서도 특히 'Why, What, Where + 의문문'이 자주 출제된다.

대화 내 질문 형태

What happened?

무슨 일 있었어?

Who's the artist?

아티스트가 누군데?

Why are you going there?

거기 왜 가는 거야?

How did the game turn out?

경기 결과가 어떻게 됐어?

학습 전략

의문사 확인하기!

의문사로 시작하는 의문문은 비교적 묻는 대상이 명확하므로 어떤 의문사가 등장하는지 기록해두고 그에 맞는 구체적인 답을 골라야 한다. 의문사 의문문에 대한 응답으로 Yes/No는 올 수 없으니 유의해야 한다.

영어 패턴 익혀두기!

상대방에게 기분을 묻는 표현이나, 안부 혹은 의견을 물어보는 표현 등 상황별 다양한 문장 패턴을 미리 학습해두면 대화를 비교적 쉽게 이해하고 답할 수 있다.

주의 깊게 듣기!

대화를 들을 때, where와 when의 발음이 헷갈릴 수 있으므로 주의해 들어야 한다. 어떤 의문사가 나오는지만 확인해도 정답을 고르는데 큰 도움이 되므로 귀 기울여 들어야 한다.

지금부터 문제들을 살펴볼까요?

Step 1. Example

Q 2021년 TOSEL 기출문제 정답률 92.43%

Girl: That jigsaw puzzle looks very challenging.

Boy: It's a thousand pieces, and half of them are blue.

Girl: How long will it take you to finish it?

Boy: ________________________.

Q What's next?

(A) He loves these challenges.

(B) You might enjoy these puzzles.

(C) It will probably take two weeks.

(D) They went to the sea last month.

해석 Text & Question

소녀: 그 조각그림 퍼즐은 매우 어려워 보여.
소년: 1,000 조각인데, 절반은 파란색이야.
소녀: 완성하는 데 얼마나 걸릴 거 같아?
소년: ________________________.

질문: 다음으로 올 것은 무엇인가?

(A) 그는 이러한 도전을 좋아해.
(B) 너도 이 퍼즐을 즐길지도 몰라.
(C) 아마 2주 정도 걸릴 거야.
(D) 그들은 지난달에 바다에 갔어.

풀이 정답 (C)

질문에서 얼마나 오래 걸린다는 의미의 'How long~'이 쓰였다. 기간에 대해 대답하는 것이 가장 적절하므로 (C)가 정답이다.

어휘

adv **probably** 아마	n **challenge** 도전	n **month** 달, 월
n **piece** 조각	adj **challenging** 도전적인	v **finish** 끝내다
n **half** 반	n **jigsaw puzzle** 조각 그림 맞추기	n **sea** 바다

Step 2. Pattern Practice

Q

Girl: I thought Douglas was here with you.

Boy: No, he never came here.

Girl: Where did he go?

Boy: ____________________.

Q What's next?

(A) By subway.

(B) At 2 o'clock.

(C) He will leave now.

(D) I think he went back home.

Track C-52

해석 Text & Question

소녀: 난 Douglas가 여기에 너랑 같이 있는 줄 알았어.
소년: 아니, 그는 여기 온 적이 없어.
소녀: 그는 어디 갔어?
소년: ______________________.

질문: 다음으로 올 것은 무엇인가?

(A) 지하철로.
(B) 2시에.
(C) 그는 지금 떠날 거야.
(D) 그는 집에 돌아간 것 같아.

풀이 정답 (D)

'어디~'를 묻는 Where 의문문에 대해 장소와 관련된 대답이 나오는 것이 적절하므로 (D)가 정답이다.

Aa 어휘

adv **here** 여기	v **come** 오다	v **leave** 떠나다	n **subway** 지하철

Step 3. Practice Test

Q1 2020년 TOSEL 기출문제 정답률 78.92%

After you listen to the conversations,
read the question and choose the best response.

Q What's next?

(A) It is at 7 PM.
(B) It starts at 11 AM.
(C) It ended a little early.
(D) It was absolutely fantastic.

토셀쌤의 문제 풀이 Tip!

직접의문문 문제는 마지막 질문의 의문사에 유의하며 듣는다면 문제를 쉽게 풀 수 있다. 의문사 파악과 함께 대화에 나온 키워드를 주의깊게 들어야 한다.

Track C-53

Q2

After you listen to the conversations,
read the question and choose the best response.

Q What's next?

(A) She arrives at 6.

(B) She walked to the library.

(C) She wants to read books.

(D) She borrowed a pen from me.

헷갈리기 쉬운 표현 Tip!

*** 간접의문문**

간접의문문이란 의문문이 문장 속에 들어간 형태이다. '의문사 + 주어 + 동사 ~?' 어순으로 의문사에 what, who, where 등 다양하게 쓰일 수 있다.

ex Do you know where the post office is? 우체국이 어디에 있는지 아니?

유형 3

세부내용 파악하기

대화 내 세부내용을 파악해 자연스러운 대답을 묻는 유형이다.

평서문에 대한 응답 찾기 유형 내에서 세부내용 파악하는 문항은 자주 출제되지 않지만 여러 상황의 평서문을 접할수록 좋으므로 학습하도록 하자.

대화 내 질문 형태

Your friends are really tall.

네 친구들 정말 (키가) 크다.

I like listening to hip-hop.

나는 힙합 (노래를) 듣는 것을 좋아해.

I left a box of oranges in the parking lot.

나는 주차장에 오렌지 한 상자를 놓고 왔어.

Sometimes I take the bus, but usually, my dad drives me to school.

나는 가끔 버스를 타지만, 주로 아빠가 학교에 데려다 주셔.

학습 전략

대화의 흐름 파악하기!

대화를 듣고 내용의 주인공이 할 수 있는 적절한 표현을 찾는 유형으로, 대화에 집중해서 들어야 한다. 정확한 상황 파악을 위해 대화의 핵심 내용을 메모하면서 듣도록 하자.

묘사하는 표현 학습하기!

사람이나 사물을 묘사하는 대화에서 자주 등장하는 단어를 미리 학습해야 한다. 선택지가 제시되어 있기 때문에, 선택지에 대화의 키워드가 등장하는지 확인할 필요가 있다.

꼼꼼히 살펴보기!

세부내용을 파악하는 유형이기 때문에 대화를 꼼꼼히 듣고 선택지를 자세하게 살펴봐야 한다. 평소 문제를 꼼꼼히 살펴보고 분석하는 습관을 들이면 큰 도움이 될 것이다.

지금부터 문제들을 살펴볼까요?

Step 1. Example

Q 2011 TOSEL 기출 문제 정답률 66.50%

Boy: My name's on the list. My first name's Thomas.

Girl: And what's your last name?

Boy: Shevchenko.

Girl: ________________________.

Q What's next?

(A) Why do you say that?

(B) How do you spell that?

(C) What do you call that?

(D) Where did you see that?

Track C-54

해석 Text & Question

소년: 내 이름은 목록에 있어. 내 이름은 Thomas야.
소녀: 그리고 성은 뭐니?
소년: Shevchenko.
소녀: ____________________.

질문: 다음으로 올 것은 무엇인가?

(A) 왜 그것을 말하니?
(B) 그것을 어떻게 쓰니?
(C) 그것을 뭐라고 부르니?
(D) 그것을 어디서 봤니?

풀이 정답 (B)

소녀가 목록에서 소년의 이름을 찾고 있음을 알 수 있다. 소녀가 소년의 성을 어떻게 쓰는지 물어보는 것이 적절하므로 정답은 (B)이다.

어휘

n **list** 목록	v **first name** (성이 아닌) 이름	n **last name** 성

Q 기관시험 기출문제 | 정답률 28.00%

Girl: What's the face mask for?

Boy: The air isn't good today.

Girl: It's not? I never check the air pollution report.

Boy: ______________________.

Q What's next?

(A) No one will have it.

(B) You look sick today.

(C) I look at it every day.

(D) Open the window then.

Track C-55

해석 Text & Question

소녀: 마스크는 뭘 위해 쓰는 거니?
소년: 오늘 공기가 좋지 않아.
소녀: 안 좋아? 나는 대기오염 보도를 절대 확인하지 않아.
소년: ____________________.

질문: 다음으로 올 것은 무엇인가?

(A) 아무도 안 가질 거야.
(B) 너 오늘 아파 보여.
(C) 나는 그것을 매일 봐.
(D) 그럼 창문을 열어.

풀이 정답 (C)

소년은 오늘 공기가 안 좋다는 것을 알기 때문에 그가 대기오염 보도를 본다는 대답이 적절하므로 (C)가 정답이다.

어휘

n **air** 공기	n **face mask** 마스크	n **report** 보도, 기록
v **check** 확인하다	n **air pollution** 대기오염	

Step 3. Practice Test

Q1

After you listen to the conversations,
read the question and choose the best response.

Q What's next?

(A) I have two meetings left.

(B) I had a sandwich for lunch.

(C) You should've told me earlier.

(D) Why are you coming home late?

토셀쌤의 문제 풀이 Tip!

'Should have + 과거분사'는 과거에 하지 않은 일에 대한 후회나 아쉬움을 표현할 때 자주 사용한다. **'should've'**는 '~했어야 했다'라는 뜻을 가진 반면, **'could've'**는 '~수 있었다'라고 해석한다.

Q2 기관시험 기출문제 정답률 63.43%

After you listen to the conversations, read the question and choose the best response.

Q What's next?

(A) Ballet is for girls.
(B) I'm not that great.
(C) Give me five, please.
(D) You've worked hard.

헷갈리기 쉬운 표현 Tip!

* must be ~

'must be ~'는 '~임에 틀림없다.', '틀림없이 ~이다.'라는 뜻으로 강한 추측을 나타낼 때 쓰인다.

ex She **must be** proud of you. 그녀가 널 (틀림없이) 자랑스러워 할 거야.

유형 4

문맥 파악하기

대화의 문맥을 통해 평서문에 대한 적절한 대답을 묻는 유형이다.

평서문에 대한 응답은 일반적으로 문장의 내용뿐만 아니라 상대방에 대한 맞장구가 나오는 문제가 자주 출제된다.

대화 내 질문 형태

I failed my English test.

나 영어시험에서 낙제했어.

I was Dracula last year.

나 작년에 드라큘라였어.

Wow, looks very yummy.

와, 정말 맛있어 보여.

Then, I will put it in the lost and found box.

그럼, 내가 그걸 분실물 보관함에 넣을게.

학습 전략

함축된 의미 파악하기!

키워드를 언급하며 직접적으로 말하는 경우가 있지만, 의사를 우회적으로 말하는 경우도 있다. 문장이 어떤 점을 시사하는지 유의 깊게 봐야 하며 문맥이 자연스럽게 이어지는지 확인해야 한다.

대화의 분위기 파악하기!

전체적인 대화의 분위기를 파악하면서 들어야 한다. 시간 정보가 정답을 찾는데 중요한 힌트가 될 수 있으니 이 점을 유의해서 듣는다.

호응 표현 알아두기!

평서문으로 끝나는 말에 자연스럽게 호응하는 연습을 해야 한다. 상대방의 말에 적절한 호응이나 응대 표현들을 학습해두는 것이 중요하다.

지금부터 문제들을 살펴볼까요?

Step 1. Example

Q

Boy: This is an interesting article in the newspapaer.

Girl: What is it about?

Boy: The psychology of liars and lying.

Girl: ________________________.

Q What's next?

(A) Did you have a paper clip?

(B) Did he send it back to her?

(C) Do they need a stamp for it?

(D) Does it explain why people lie?

Track C-57

해석 Text & Question

소년: 이것은 신문에 난 재미있는 기사야.
소녀: 뭐에 대한 것이니?
소년: 거짓말쟁이와 거짓말의 심리.
소녀: ______________________.

질문: 다음으로 올 것은 무엇인가?

(A) 너 종이클립 있었니?
(B) 그가 그것을 그녀에게 돌려보냈니?
(C) 그것 때문에 그들은 우표가 필요하니?
(D) 사람들이 왜 거짓말을 하는지 설명하니?

풀이 정답 (D)

거짓말에 대한 심리를 다룬 신문 기사가 대화의 주제이기 때문에 거짓말(lie)에 대한 대답이 적절하므로 (D)가 정답이다.

Aa 어휘

n **article** 기사	adj **interesting** 흥미로운	v **lie** 거짓말하다
n **paper clip** 종이 집게	n **newspaper** 신문	n **liar** 거짓말쟁이
v **explain** 설명하다	n **psychology** 심리, 심리학	n **stamp** 우표, 도장

Q

Boy: Have you met the new history teacher?

Girl: Not yet. I have history class tomorrow.

Boy: She's really nice.

Girl: ________________________.

Q What's next?

(A) We met her yesterday.

(B) I'm excited to meet her.

(C) Directly above the map.

(D) Right after my math class.

해석 Text & Question

소년: 새로 오신 역사 선생님 만나 봤니?
소녀: 아직. 나 내일 역사 수업이 있어.
소년: 그녀는 정말 좋으셔.
소녀: ______________________.

질문: 다음으로 올 것은 무엇인가?

(A) 우리는 어제 그녀를 만났어.
(B) 그녀를 만날 생각에 신나.
(C) 지도 바로 위에.
(D) 수학 수업 끝나고 바로.

풀이 정답 (B)

새로 오신 역사 선생님에 대한 대화이다. 소녀는 아직 역사 선생님을 만나지 못해 선생님 만나기를 기대한다는 대답이 자연스러우므로 (B)가 정답이다.

Aa 어휘

n	**teacher**	선생님	n	**history**	역사	n	**map**	지도	adv	**right**	바로
adv	**directly**	바로 ~에	n	**yesterday**	어제	n	**math**	수학	n	**class**	수업
v	**meet**	만나다	n	**tomorrow**	내일	prep	**after**	뒤에	adv	**above**	위에

Step 3. Practice Test

Q1

After you listen to the conversations,
read the question and choose the best response.

Q What's next?

(A) I will help you.
(B) I'm glad to help.
(C) Sorry, I'm busy now.
(D) I don't want to be here.

토셀쌤의 문제 풀이 Tip!

고맙다는 표현에 적절히 겸손하게 응대하는 선택지를 찾는 것이 핵심이다.
고마움의 표현과 그에 알맞게 대답하는 영어 표현들을 미리 학습하는 것이 중요하다.

Q2

After you listen to the conversations,
read the question and choose the best response.

Q What's next?

(A) When is it?

(B) Sorry. I will close them.

(C) Tests are helpful for you.

(D) I should open the windows more.

헷갈리기 쉬운 표현 Tip!

＊ Don't you think ~?

'Don't you think~'은 '~인 것 같지 않아?'의 뜻으로 자신의 생각을 강조하거나 상대방의 의견과 자신의 의견이 다를 때 사용된다. 상대방의 의견만을 묻는 표현으로 'Do you think ~?'가 있다.

Appendix

A

activity	n. 활동
airport	n. 공항

B

borrow	v. 빌리다
brake	n. 제동장치
budget	n. 예산
bus line	버스 회사; 버스 노선
bush	n. 덤불
busy	adj. 바쁜

C

calendar	n. 달력
calmly	adv. 침착하게; 고요히
camping	n. 야영, 캠핑
campus	n. 캠퍼스, 교정[구내]
cancel	v. 취소하다
canoe	n. 카누
catch a movie	영화 보러 가다
caterpillar	n. 애벌레
charge	v. 청구하다 n. 요금
city design	도시 설계
clay	n. 점토
close	v. 닫다
cold	adj. 추운
collect	v. 가지러 가다; 모으다
common	adj. 흔한, 공통의
compact	adj. 소형의, 작은; 촘촘한
completely	adj. 완전히, 전적으로
concerned	adj.염려[걱정]하는
concert	n. 연주회, 콘서트
confirm	v. 확인하다
container	n. 용기, 그릇
conversation	n. 대화
cracked	adj. 금이 간
current	adj. 현행, 현재의

D

definitely	adv. 물론, 확실히
delay	v. 미루다, 연기하다 n. 지연, 지체
depart	v. 떠나다[출발하다]
depend on	~에 의존하다 [달려있다]
deserve	v. ~을 받을 만하다 [누릴 자격이 있다]
destroy	v. 파괴하다
discount	n. 할인
downtown	n. 시내

E	
early	adv. 일찍
electric vehicle	n. 전기자동차
estimate	v. 추산[추정]하다; 추정
evening	n. 저녁
exam	n. 시험, 검사
exhausted	adj. 기진맥진한
explore	v. 답사[탐사/탐험]하다
extra	adj. 여분의, 추가의

F	
field	n. 들판
finish	v. 끝내다, 마치다
flight	n. 비행, 항공편
flood	n. 홍수
forecast	v. 예보[예측]하다
free of charge	무료로
frequently	adv. 자주, 빈번하게
fresh	adj. 신선한
friendly	adj. 상냥한, 다정한

G	
get rid of	치우다, 없애다
glad	adj. 기쁜
global	adj. 세계적인; 지구의
go along with	~에 동의하다
grade	n. 성적, 등급,학년
grandparents	n. 조부모님
gym	n. 체육관

H	
hail	n. 우박
half	adj. 반, 절반의
handmade craft	n. 공예품
handwriting	n. 글씨체, 손으로 씀
happen	v. 일어나다, 발생하다
hard	adv. 열심히
harmful	adj. 해로운
help	v. 돕다
helpful	adj. 도움이 되는
hold	v. 잡다
horror	n. 공포(감), 경악
humidity	n. 습도
hurt	v. 피해를 보다; 아프다

I	
improve	v. 개선하다
include	v. 포함하다

ink cartridge	n. 잉크 카트리지
invitation	n. 초청[초대]장 , 초대[초청]
invite	v. 초대하다
island	n. 섬

L	
late	adv. 늦게
lazy	adj. 게으른
library	n. 도서관
lottery	n. 복권

M	
mate	n. 친구, 동료
material	n. 재료
math	n. 수학
measure	v. 측정하다
mechanic	n. 정비사, 정비공
meeting	n. 회의
metal	n. 금속
miss	v. 놓치다, 그리워하다
monitor	v. 감독하다, 감시하다 n. 감시 장치; 화면

N	
notice	v. 알아내다

O	
offer	v. 제공하다
on time	정시에
one of a kind	특별한

P	
passing	adj. 지나가는
peak	n. 절정, 정점
perform	v. 연주하다; 수행하다
performance	n. 공연; 연주회
piece	n. 조각[부분]
plan	v. 계획하다
play	n. 연극
pleasure	n. 기쁨
pocket money	n. 용돈
pollution	n. 오염
popularity	n. 유행, 인기
practice	n. 연습
presentation	n. 발표; 제출
previous	adj. 이전의
principal	n. 교장
punishment	n. 벌, 형벌
purse	n. 지갑

Q	
quite	adv. 꽤, 상당히

R	
receive	v. 받다, 받아들이다
recommendation	n. 추천, 권고
region	n. 지역
relationship	n. 관계
remove	v. 치우다, 없애다
repair	v. 수리하다
require	v. 필요[요구]하다
reschedule	v. 일정을 변경하다
reservation	n. 예약
rug	n. 양탄자

S	
sauce	n. 소스
separately	adv. 분리되어, 따로
severe	adj. 심각한, 극심한
shade	n. 그늘
shadow	n. 그림자
show	n. 쇼, 공연
side	n. 쪽
skatepark	n. 스케이트보드장
snorkel	v. 스노클하다
social studies	n. (학교 교과로서의) 사회
sofa	n. 소파
songwriter	n. 작사가
steal	v. 훔치다
stomachache	n. 복통, 위통
stop sign	정지 표시
strange	adj. 이상한, 낯선
stretch	v. 뻗다, 늘이다
sugary	adj. 설탕이 든; 지나치게 달콤한
supposed to	~하기로 하다
swimmer	n. 수영가, 수영을 할 줄 아는 사람

T	
take	v. 듣다, 수강하다
temperature	n. 온도
thunderstorm	n. 뇌우
to make matters worse	설상가상으로

U	
under the weather	몸이 안 좋은
upset	adj. 속상한, 마음이 상한

W	
warn	v. 경보[경고]하다

water planning	수도 계획
wedding	n. 결혼(식)
windshield	n. 전면 유리, 바람막이 창
wonderful	adj. 훌륭한, 아주 멋진
work	v. 일하다
worth	adj. ...가치가 있는[되는]
wrong	adj. 틀린; 잘못된

memo

memo

memo

국제토셀위원회

TOSEL 유형분석집

JUNIOR

Section I.
Listening & Speaking

ANSWERS

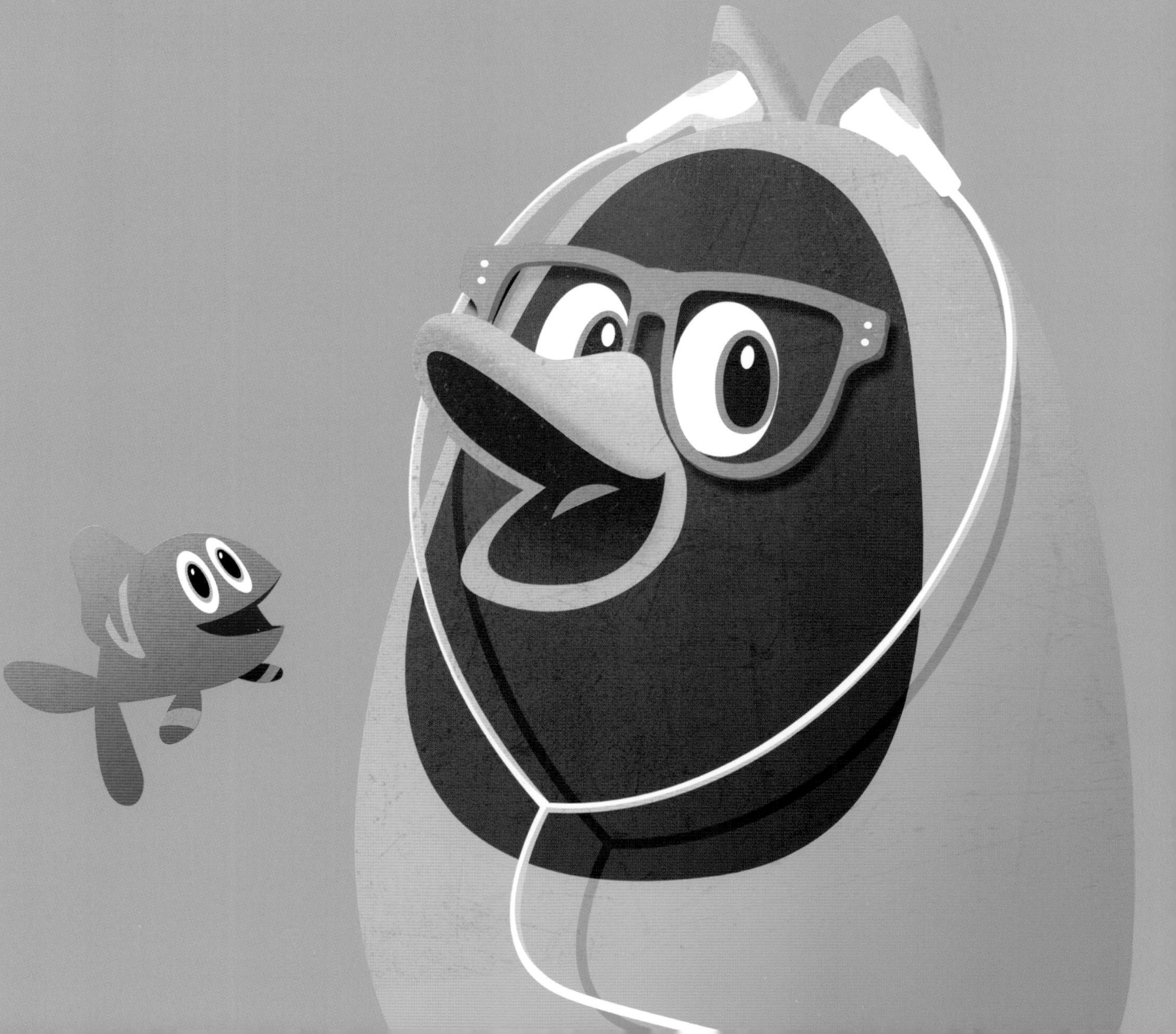

국제토셀위원회

TOSEL®
유형분석집

JUNIOR
정답 및 해설

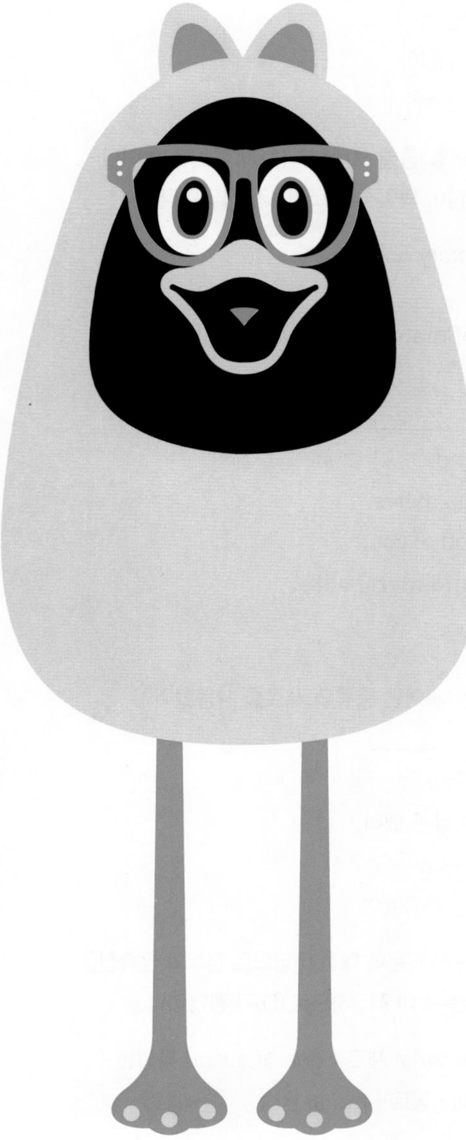

Part A. Listen and Respond

유형 1–정보 전달 (p.28)

Step 3. Practice Test

1. Boy: Where is your brother?
   Girl: ________________________.
   (A) She is so smart.
   (B) He's at the library.
   (C) He's the oldest one.
   (D) She's a great singer.

정답 (B)

해석 소년: 너의 오빠는 어디에 있어?
소녀: ________________.
(A) 그녀는 너무 똑똑해.
(B) 그는 도서관에 있어.
(C) 그가 가장 나이가 많아.
(D) 그녀는 훌륭한 가수야.

풀이 'Where'과 'brother'를 통해 오빠의 위치를 묻는 질문이다. 위치를 설명하는 대답이 와야 하므로 (B)가 정답이다.

Words and Phrases library 도서관

2. Boy: What kind of materials did you use for the sculpture?
   Girl: ________________________.
   (A) It's one of a kind.
   (B) I used to get up at five.
   (C) That's very kind of you.
   (D) I used clay and metal wire.

정답 (D)

해석 소년: 조각을 만드는 데 어떤 종류의 재료를 사용했어?
소녀: ________________.
(A) 그것은 특별한 거야.
(B) 나는 5시에 일어나곤 했어.
(C) 너는 참 친절하구나.
(D) 점토와 금속선을 사용했어.

풀이 어떤 재료를 사용했는지 질문에 대한 대답으로 점토와 금속선을 사용했다고 이야기하는 것이 적절하므로 (D)가 정답이다.

Words and Phrases material 재료 | one of a kind 특별한 | clay 점토 | metal 금속

3. Boy: Why did you miss class today?
   Girl: ________________________.
   (A) She is late for class.
   (B) You look quite different.
   (C) I had a bad stomachache.
   (D) They enjoyed meeting you.

정답 (C)

해석 소년: 오늘 왜 수업에 안 왔니?
소녀: ________________.
(A) 그녀는 수업에 늦었어.
(B) 너는 꽤 달라 보여.
(C) 심한 복통이 있었어.
(D) 그들은 너를 만나는 것을 즐거워했어.

풀이 'Why'를 통해 이유를 묻는 질문이라는 것에 주목해야 한다. 수업에 왜 오지 않았는지 질문에 'a bad stomachache(심한 복통)'라고 말하는 것이 적절하므로 (C)가 정답이다.

Words and Phrases quite 꽤, 상당히 | bad 심한; 나쁜 | stomachache 복통, 위통

4. Boy: How did you get here?
   Girl: ________________________.
   (A) I took the bus.
   (B) I'm sure you can.
   (C) I'm finishing it today.
   (D) I feel great as always.

정답 (A)

해석 소년: 너 여기 어떻게 왔어?
소녀: ________________.
(A) 나는 버스를 탔어.
(B) 너는 당연히 할 수 있지.
(C) 나는 그것을 오늘 끝낼 거야.
(D) 나는 늘 그렇듯 기분이 좋아.

풀이 'How'는 방법과 정도 등을 묻는 의문사로, 질문에서는 'How'와 'get here'를 통해 어떤 장소로 간 방법을 물었다. 대답으로 이동 수단을 말해야 하므로 (A)가 정답이다.

Words and Phrases finish 끝내다, 마치다

유형 2-의견 전달 (p.34)

Step 3. Practice Test

1. Boy: What do you think is the best way to improve writing?

Girl: ______________________.

(A) He's a great songwriter.
(B) Please turn up the volume.
(C) It's performed by Gloria Choi.
(D) Try writing a bit every single day.

정답 (D)

해석 소년: 글쓰기를 개선하는 최고의 방법이 무엇이라고 생각해?
소녀: ________________.
(A) 그는 훌륭한 작사가야.
(B) 소리를 키워줘.
(C) 그것은 Gloria Choi가 연주해.
(D) 매일 조금씩 글을 쓰도록 해.

풀이 글쓰기 실력을 '개선(improve)'하는 '최고의 방법(best way)'을 묻는 질문이다. 따라서 매일매일 글 쓰는 습관을 들이라는 대답이 가장 적절하므로 (D)가 정답이다.

Words and Phrases improve 개선하다 | songwriter 작사가 | perform 연주하다; 수행하다

2. Boy: How was your trip?

Girl: ______________________.

(A) He won't finish it.
(B) She will return it for you.
(C) We will have a cup of tea.
(D) It was absolutely wonderful.

정답 (D)

해석 소년: 여행 어땠어?
소녀: ________________.
(A) 그는 그것을 끝마치지 못할 거야.
(B) 그녀가 너를 위해 그것을 돌려줄 거야.
(C) 우리는 차 한 잔 마실 거야.
(D) 정말 훌륭했어.

풀이 'How + be 동사' 구문을 이용하여 어떤 것에 대한 의견을 묻고 있다. 여행이 어땠는지에 대한 의견을 물어보았고, 그에 대한 대답으로 훌륭했다고 답하는 것이 적절하므로 (D)가 정답이다.

Words and Phrases wonderful 훌륭한, 아주 멋진 | return 돌아오다; 돌려주다

3. Boy: How do you like your new teacher?

Girl: ______________________.

(A) I don't like cats.
(B) She's truly amazing.
(C) He did well on the exam.
(D) It took me almost a year.

정답 (B)

해석 소년: 새로운 선생님은 어때?
소녀: ________________.
(A) 나는 고양이를 좋아하지 않아.
(B) 그녀는 정말 놀라워.
(C) 그는 시험을 잘 봤어.
(D) 거의 1년 걸렸어.

풀이 'How do you like ~?'는 상대방의 생각이나 의견을 묻는 질문으로 'new teacher (새로운 선생님)'이 어떤지에 대해 묻고 있다. 자신의 의견을 말하는 것이 적절하므로 (B)가 정답이다.

Words and Phrases amazing 놀라운, 굉장한 | exam 시험, 검사

4. Boy: How did her presentation go?

Girl: ______________________.

(A) Try it again later.
(B) They'll be all black.
(C) Much better than expected.
(D) Make sure you don't click it.

정답 (C)

해석 소년: 그녀의 발표는 어땠어?
소녀: ________________.
(A) 나중에 다시 시도해 봐.
(B) 전부 다 검은색일 거야.
(C) 예상했던 것보다 훨씬 나아.
(D) 그걸 클릭하지 않도록 조심해.

풀이 'How + do 조동사 + 주어 + go?' 구문은 주어가 어땠는지 물어볼 때 자주 사용하는 패턴이다. 그녀의 발표가 어땠는지에 대해 예상했던 것보다 나았다고 하는 것이 적절하므로 (C)가 정답이다.

Words and Phrases presentation 발표; 제출

유형 3-감정 전달 (p.40)

Step 3. Practice Test

1. Boy: Thank you for coming to my house!
   Girl: ______________________.
   (A) Thanks for inviting me.
   (B) Well, they arrived at work.
   (C) Sorry, she missed the phone.
   (D) He told me the wrong address.

정답 (A)

해석 소년: 우리 집에 와줘서 고마워!
소녀: ________________.
(A) 초대해줘서 고마워.
(B) 음, 그들은 출근했어.
(C) 미안한데, 그녀는 전화를 못 받았어.
(D) 그가 나에게 잘못된 주소를 알려줬어.

풀이 자신의 집에 와주어 고맙다는 표현으로 'Thanks for ~'라고 말하고 있다. 이에 초대해줘서 고맙다는 전형적인 인사가 오는 것이 적절하므로 (A)가 정답이다.

Words and Phrases invite 초대하다 | arrive 도착하다 | miss 놓치다, 그리워하다 | wrong 틀린; 잘못된 | address 주소

2. Boy: You look delighted. What's up?
   Girl: ______________________.
   (A) My tooth really hurts.
   (B) I can take your message.
   (C) I marked it on my calendar.
   (D) My painting received an award.

정답 (D)

해석 소년: 너 기뻐 보여. 무슨 일이야?
소녀: ________________.
(A) 나 이가 너무 아파.
(B) 전할 말이 있으면 내가 받아줄게.
(C) 내 달력에 그것을 표시해놨어.
(D) 내 그림이 상을 받았어.

풀이 상대방에게 기뻐 보인다고 말한 후 "What's up?"을 통해 무슨 일인지 묻고 있다. 무슨 일로 기뻐 보이는지에 대한 질문을 하고 있으므로 (D)가 정답이다. (A)는 치통이 있다고 말하고 있는데 이는 기쁜 일에 해당하지 않기 때문에 오답이다.

Words and Phrases calendar 달력 | receive 받다 | award (부상이 딸린) 상

3. Boy: Why are you so upset? Anything wrong?
   Girl: ______________________.
   (A) He is nine years old.
   (B) It doesn't hurt to try.
   (C) I can make it on time.
   (D) Someone stole my purse.

정답 (D)

해석 소년: 왜 그렇게 속상해하니? 뭐 잘못된 거 있어?
소녀: ________________.
(A) 그는 아홉 살이야.
(B) 시도해서 손해 볼 건 없어.
(C) 나 제시간에 도착할 수 있어.
(D) 누군가가 내 지갑을 훔쳤어.

풀이 'Why are you so ~?'는 상대방의 상태나 기분의 이유를 물어볼 때 자주 사용하는 패턴이다. 지갑을 누군가가 훔쳤다며 속상한 이유를 설명하는 것이 적절하므로 (D)가 정답이다.

Words and Phrases upset 속상한, 마음이 상한 | hurt 피해를 보다; 아프다 | on time 정시에 | steal 훔치다 | purse 지갑

4. Boy: How do you feel today?
   Girl: ______________________.
   (A) It costs 300 dollars.
   (B) His dog is very friendly.
   (C) He'll go along with that.
   (D) I feel under the weather.

정답 (D)

해석 소년: 오늘 기분이 어때?
소녀: ________________.
(A) 300 달러야.
(B) 그의 개는 아주 상냥해.
(C) 그는 그것에 동의할 거야.
(D) 나 몸이 안 좋아.

풀이 "How do you feel?"은 상대방의 기분을 물어볼 때 자주 사용하는 패턴임을 기억해야 한다. 자신의 기분에 관련해서 이야기 해야 하므로 (D)가 정답이다.

Words and Phrases go along with ~에 동의하다 | friendly 상냥한, 다정한 | under the weather 몸이 안 좋은

유형 4-문제 제기 (p.46)

1. Boy: What happened to your phone?
   Girl: ______________________.
   (A) You are very welcome.
   (B) It has been my pleasure.
   (C) She'll call you back soon.
   (D) The screen cracked yesterday.

정답 (D)

해석 소년: 네 전화기에 무슨 일이 일어난 거야?
소녀: ________________.
(A) 천만에.
(B) 도움이 될 수 있어서 나도 기뻐.
(C) 그녀가 곧 다시 전화할 거야.
(D) 어제 액정이 깨졌어.

풀이 'What happened~?'는 무슨 일이 일어난 것인지 물어볼 때 자주 쓰는 패턴이다. 상대방의 전화기에 무슨 일이 일어난 건지에 대해 화면에 금이 갔다고 대답하는 것이 적절하므로 (D)가 정답이다.

Words and Phrases happen 일어나다, 발생하다 | pleasure 기쁨 | cracked 금이 간

2. Boy: I lost the key to my bicycle lock!
   Girl: ______________________.
   (A) Sure, I will be around.
   (B) Thanks. I will go ahead.
   (C) Of course. Help yourself.
   (D) No worries. I have an extra key.

정답 (D)

해석 소년: 자전거 자물쇠 키를 잃어버렸어!
소녀: ________________.
(A) 물론이지, 주변에 있을게.
(B) 고마워. 나 먼저 갈게.
(C) 물론이지. 마음껏 먹어.
(D) 걱정 마. 나 여분 키가 있어.

풀이 'lost the key to my bicycle lock'라는 자전거 자물쇠 키를 잃어버렸다는 소년의 말에 여분의 키가 있다고 하며 걱정하지 말라고 하는 것이 적절하므로 (D)가 정답이다.

Words and Phrases extra 여분의, 추가의

3. Boy: Don't you think she's too young to see a horror movie?
   Girl: ______________________.
   (A) Well, you deserve it.
   (B) Sure, it's easy to cook.
   (C) Yes, he is a great swimmer.
   (D) Yes, it might be too much for her.

정답 (D)

해석 소년: 그녀가 공포 영화를 보기에 너무 어리다고 생각하지 않아?
소녀: ________________.
(A) 음, 너는 그럴만한 자격이 있어.
(B) 물론이지, 그것은 요리하기 쉬워.
(C) 맞아, 그는 훌륭한 수영선수야.
(D) 맞아, 그녀한테 무리일 수 있어.

풀이 'Don't you think ~?'를 통해 상대방에게 그렇지 않은지 의견을 묻고 있다. 공포 영화를 보기에 너무 어리지 않냐는 질문에 동의하며 영화가 그녀에게 과도할 수 있다고 대답하는 것이 적절하므로 (D)가 정답이다.

Words and Phrases horror 공포(감), 경악 | deserve ~을 받을 만하다[누릴 자격이 있다] | swimmer 수영가, 수영을 할 줄 아는 사람

4. Boy: I've spent all my pocket money.
   Girl: ______________________.
   (A) When did he buy it?
   (B) What time did you arrive?
   (C) What did you spend it on?
   (D) Why is your pocket ripped?

정답 (C)

해석 소년: 나 용돈 다 썼어.
소녀: ____________.
(A) 그가 언제 그것을 샀어?
(B) 몇 시에 도착했어?
(C) 그걸 어디에다 썼어?
(D) 너의 주머니는 왜 찢어져 있어?

풀이 용돈을 다 썼다는 말에 어디에다 썼는지 물어보는 것이 적절하므로 (C)가 정답이다. (A)의 경우 용돈은 사는 것이 아니고 쓰는 것이므로 오답이다.

Words and Phrases pocket money 용돈

유형 5-제안/요청/부탁/명령/요구 (p.52)

Step 3. Practice Test

1. Boy: What can you do for fun downtown this weekend?
Girl: ____________.
(A) I'll see her too, then.
(B) It's worth trying it out.
(C) Their gym is far from downtown.
(D) There's a skatepark on Adams Street.

정답 (D)

해석 소년: 이번 주말에 시내에서 할 수 있는 재미있는 것들이 뭐가 있을까?
소녀: ____________.
(A) 나도 그녀를 그때 볼게, 그럼.
(B) 그것을 시도해 볼 만해.
(C) 그들의 체육관은 시내랑 멀어.
(D) Adams 거리에 스케이트보드장이 있어.

풀이 'What can you do ~'를 통해 무엇을 할지 묻는 질문이다. Adams 거리에 스케이트보드장이 있다고 대답하는 것이 적절하므로 (D)가 정답이다.

Words and Phrases for fun 재미로 | downtown 시내 | gym 체육관 | skatepark 스케이트보드장

2. Boy: Is it okay if I open the window?
Girl: ____________.
(A) No, they are not.
(B) Sure, go right ahead.
(C) Thanks, I totally agree.
(D) Yes, stop at the stop sign.

정답 (B)

해석 소년: 창문을 열어도 되니?
소녀: ____________.
(A) 아니, 그들은 아니야.
(B) 당연하지, 그렇게 해.
(C) 고마워, 나 완전 동의해.
(D) 응, 정지 표지에서 멈춰.

풀이 'Is it okay ~?'는 상대방에게 정중하게 허락을 요구하는 패턴이다. 창문을 열어도 괜찮냐는 요구에 허락 혹은 거절의 대답이 나와야 하므로 (B)가 정답이다.

Words and Phrases agree 동의하다 | stop sign 정지 표시

3. Boy: That looks heavy. Do you want me to give you a hand?
Girl: ____________.
(A) I'm glad you like it.
(B) That would be great.
(C) That's such a shame.
(D) I'm surprised she noticed.

정답 (B)

해석 소년: 무거워 보이는데. 도와줄까?
소녀: ____________.
(A) 마음에 든다니 기쁘네.
(B) 그래주면 좋지.
(C) 그거 참 안됐네.
(D) 그녀가 눈치챘다는 게 놀라워.

풀이 "Do you want me to give you a hand?"는 상대방에게 도움을 줘도 되는지 물을 때 사용하는 패턴이다. 제안에 대해 상대방이 그게 좋겠다고 대답하는 것이 적절하므로 (B)가 정답이다.

Words and Phrases notice 알아내다

4. Boy: Would you like another piece of cake?
Girl: ______________________.
(A) It took him forever.
(B) We went around Africa.
(C) Thanks, but I'm too full.
(D) Absolutely, it broke my heart.

정답 (C)

해석 소년: 케이크 한 조각 더 먹을래?
소녀: ________________.
(A) 그는 너무 많은 시간이 걸렸어.
(B) 우리는 아프리카를 돌아다녔어.
(C) 고맙지만, 나 너무 배불러.
(D) 정말이지, 그것은 내 마음을 아프게 했어.

풀이 'Would you like ~?'는 상대방의 의사를 정중하게 묻는 데 자주 쓰이는 표현임을 기억해야 한다. 케이크 한 조각을 더 먹겠냐는 질문에 수락 혹은 거절의 대답이 와야 하므로 (C)가 정답이다.

Words and Phrases piece 한 조각[부분]

Part B-1. Listen and Retell

유형 1-주제/목적 (p.64)

Step 3. Practice Test

1. M: Royal Bus Line. How can I help you?
Girl: Hello. I would like to change my ticket date.
M: Okay. Can you tell me the ticket number?

Q. Why is the girl calling the man?
(A) to find a bus driver
(B) to buy a movie ticket
(C) to reserve more seats
(D) to change a bus ticket

정답 (D)

해석 남: Royal 버스 회사입니다. 무엇을 도와드릴까요?
소녀: 안녕하세요. 제 승차권의 날짜를 바꾸고 싶어요.
남: 네. 승차권의 번호를 말씀해주시겠어요?

Q. 소녀가 왜 남자에게 전화하고 있는가?
(A) 버스 운전사를 찾기 위해
(B) 영화표를 사기 위해
(C) 더 많은 좌석을 예약하기 위해
(D) 버스표를 바꾸기 위해

풀이 대화를 듣기 전 질문을 먼저 살펴보면 소녀가 남자에게 전화한 이유가 핵심적인 정보임을 알 수 있다. 버스표의 날짜를 바꿔달라는 내용이므로 (D)가 정답이다.

Words and Phrases bus line 버스 회사; 버스 노선 | reserve 예약하다

2. Girl: Mr. Tanaka, may I ask you a question about the math test?
M: Of course. What is it?
Girl: Will chapter 3 also be on it?

Q. What is the conversation mainly about?
(A) a grade
(B) a test time
(C) exam content
(D) missed homework

정답 (C)

해석 소녀: Tanaka 선생님, 수학 시험에 대해서 질문 하나 해도 될까요?
남: 물론이지. 뭔데?
소녀: 3장도 나오나요?

Q. 대화는 주로 무엇에 관한 것인가?
(A) 성적
(B) 시험 시간
(C) 시험 내용
(D) 놓친 숙제

풀이 대화를 듣기 전 선택지를 먼저 보면 시험과 관련된 내용임을 미리 알 수 있다. 시험과 관련된 사항 중 구체적으로 어떤 것에 관한 내용인지 주목하는 것이 중요하다. 3장이 수학 시험에 나오는지 묻는 내용이므로 (C)가 정답이다.

Words and Phrases math 수학 | grade 성적, 등급; 학년 | conversation 대화

3. Boy: Are any rooms available?
W: For what use?
Boy: Flute. I need to practice every week.
W: Yes, practice rooms are open in the mornings.

Q. What is the boy's purpose in the conversation?
(A) booking a camping spot
(B) finding a place to practice
(C) setting up meeting schedules
(D) getting restaurant recommendations

정답 (B)

해석 소년: 이용 가능한 방 있나요?
여: 무슨 용도인가요?
소년: 플루트요. 매주 연습해야 해서요.
여: 네, 연습방은 오전에 열려있어요.

Q. 대화에서 소년의 목적은 무엇인가?
(A) 야영 장소 예약하기
(B) 연습할 장소 찾기
(C) 회의 일정 잡기
(D) 식당 추천 받기

풀이 대화를 듣기 전 질문을 먼저 살펴보면 소년의 목적이 핵심 정보임을 알 수 있다. 플루트를 연습할 방을 찾는 것이 목적이므로 (B)가 정답이다.

Words and Phrases available 이용할[구할] 수 있는 | practice 연습 | purpose 목적 | camping 야영, 캠핑 | recommendation 추천, 권고

4. W: Dr. Vu's office.
Boy: Hello, I'd like to reschedule my appointment with Dr. Vu.
W: Sure. When would you like to come in?
Boy: Next Tuesday at 3 PM, please.

Q. Why is the boy calling?
(A) to confirm a reservation
(B) to cancel an appointment
(C) to check Dr. Vu's schedule
(D) to reschedule an appointment

정답 (D)

해석 여: Vu 박사 사무실입니다.
소년: 안녕하세요, Vu 박사와의 약속을 변경하고 싶어요.
여: 그럼요. 언제 방문하고 싶으신가요?
소년: 다음 화요일 오후 3시로 부탁드려요.

Q. 소년이 전화한 이유가 무엇인가?
(A) 예약을 확인하기 위해서
(B) 약속을 취소하기 위해서
(C) Vu 박사의 일정을 알아보기 위해서
(D) 약속을 다시 잡기 위해서

풀이 대화를 듣기 전 질문을 먼저 살펴보면 소년이 전화한 의도가 핵심 정보임을 알 수 있다. 'reschedule my appointment'를 통해 약속을 다시 잡고 싶다고 했으므로 (D)가 정답이다. 약속을 취소한다는 내용은 아니므로 (B)는 오답이다.

Words and Phrases reschedule 일정을 변경하다 | appointment 약속; 임명 | confirm 확인하다 | reservation 예약

유형 2-장소/관계 (p.72)

Step 3. Practice Test

1. Boy: Do you think this bike is worth repairing?
W: Well, it depends on your budget. It needs new brakes.
Boy: How much will that cost?

Q. Who is the boy most likely talking to?
(A) an art teacher
(B) an airline pilot
(C) a bicycle mechanic
(D) a restaurant server

정답 (C)

해석 소년: 이 자전거가 수리할 만한 가치가 있나요?
여: 음, 당신의 예산에 달려있어요. 새로운 제동 장치가 필요해요.
소년: 비용이 얼마나 들까요?

Q. 소년이 대화하고 있는 대상으로 가장 적절한 사람은?
(A) 미술 교사
(B) 비행기 조종사
(C) 자전거 정비사
(D) 식당 근무자

풀이 대화를 듣기 전 질문을 통해 소년이 대화하고 있는 대상이 핵심 정보임을 알 수 있다. 자전거 수리와 관련하여 상담하는 내용이므로 (C)가 정답이다.

Words and Phrases worth ...가치가 있는[되는] | repair 수리하다 | depend on ~에 의존하다[달려있다] | budget 예산 | mechanic 정비사, 정비공 | brake 제동 장치

2. W: I'd like to reissue my debit card.
M: Sure. Please show me your photo ID and enter your PIN number.
W: Thanks. Here it is.

Q. What is the most likely relationship between the speakers?
(A) mother - son
(B) boss - employee
(C) instructor - student
(D) bank teller - customer

정답 (D)

해석 여: 제 직불카드를 재발급 받고 싶어요.
남: 그럼요. 사진이 부착된 신분증을 보여주시고 개인 비밀 번호를 입력해주세요.
여: 감사합니다. 여기 있어요.

Q. 화자의 관계로 가장 적절한 것은?
(A) 엄마 – 아들
(B) 상사 – 직원
(C) 강사 – 학생
(D) 은행 출납계원 – 고객

풀이 대화를 듣기 전 질문을 살펴보면 두 화자의 관계가 핵심 정보임을 알 수 있다. 'reissue debit card'를 통해 직불카드를 재발급 받고 싶다는 내용과 이후 재발행을 위한 절차를 안내하고 있으므로 (D)가 정답이다. 'issue'는 '문제'라는 뜻뿐만 아니라 '발급'이라는 뜻으로도 사용될 수 있음을 기억하자.

Words and Phrases reissue 재발급[발매]하다

3. M: How many nights will you be staying?
W: Two nights.
M: Would you like two double beds, or one queen bed?
W: One queen bed, please.

Q. Where is the conversation most likely taking place?
(A) at a hotel
(B) at a school
(C) at a hospital
(D) at a museum

정답 (A)

해석 남: 며칠 밤을 묵으실 건가요?
여: 2박이요.
남: 2인용 침대 두 개가 좋나요, 아니면 퀸 사이즈 침대 하나가 좋나요?
여: 퀸 사이즈 침대 하나로 부탁드려요.

Q. 대화가 이루어지는 장소로 가장 적절한 곳은?
(A) 호텔에서
(B) 학교에서
(C) 병원에서
(D) 박물관에서

풀이 대화를 듣기 전 질문을 살펴보면 대화가 이루어지는 장소를 나타내는 단어가 핵심 정보임을 알 수 있다. 며칠 밤을 묵을 것인지, 침대 사이즈와 개수는 무엇을 원하는지 묻고 답하는 내용이므로 (A)가 정답이다.

Words and Phrases stay 머무르다 | take place 일어나다[개최되다]

4. Girl: Can I borrow your notes?
Boy: Sure. Are you working on your essay?
Girl: Yes. I missed one class, so I need to see what I missed that day.
Boy: Happy to help. I hope my handwriting is not too bad.

Q. What is the most likely relationship between the speakers?
(A) teacher - parent
(B) waiter - customer
(C) student - principal
(D) classmate - classmate

정답 (D)

해석 소녀: 네 노트를 빌릴 수 있을까?

소년: 물론이지, 에세이 쓰고 있어?

소녀: 응. 나 수업을 한번 결석했거든, 그래서 그날 놓친 걸 봐야 해.

소년: 기꺼이 도와줄게. 내 글씨체가 너무 나쁘지 않았으면 좋겠네.

Q. 화자의 관계로 가장 적절한 것은?

(A) 교사 – 부모

(B) 종업원 – 고객

(C) 학생 – 교장

(D) 반 친구 – 반 친구

풀이 대화를 듣기 전 질문을 살펴보면 두 사람의 관계를 나타내는 단어가 핵심 정보임을 알 수 있다. 수업에 빠져서 필기 노트를 빌릴 수 있는지에 대한 대화를 나누고 있으므로 (D)가 정답이다.

Words and Phrases work on ~에 노력을 들이다 | handwriting 글씨체, 손으로 씀 | relationship 관계 | principal 교장

유형 3-문제점/걱정/화자의 의도 (p.80)

Step 3. Practice Test

1. Boy: The store charges too much for pens.

Girl: Why? How much did you pay?

Boy: Three dollars per pen. That's too much.

Q. Why does the boy say, "That's too much"?

(A) Pens are too expensive.

(B) The store is closed often.

(C) The shop is too far away.

(D) He received too many pens.

정답 (A)

해석 소년: 그 상점은 펜을 너무 비싸게 팔아.

소녀: 왜? 얼마에 샀는데?

소년: 펜 하나 당 3달러. 너무해.

Q. 소년이 "너무해"라고 말한 이유가 무엇인가?

(A) 펜이 너무 비싸다.

(B) 상점이 자주 닫는다.

(C) 상점이 너무 멀다.

(D) 그는 너무 많은 펜을 받았다.

풀이 질문에서 소년이 "너무해"라고 말한 이유를 묻고 있다. 상점에서 펜을 너무 비싸게 판다는 내용이므로 (A)가 정답이다.

Words and Phrases charge 청구하다; 요금 | receive 받다, 받아들이다

2. Girl: I think we're getting burnt.

Boy: Yes, we'd better get out of the sun and into the shade.

Girl: You're bright red.

Q. Why does the girl say, "You're bright red."?

(A) The boy is angry.

(B) The boy's skin is burnt.

(C) The boy is embarrassed.

(D) The boy's clothes are strange.

정답 (B)

해석 소녀: 우리 피부가 타고 있는 것 같아.

소년: 맞아. 햇빛을 피해 그늘로 가야 할 것 같아.

소녀: 너 새빨간색이야.

Q. 소녀가 "너 새빨간색이야."라고 말한 이유가 무엇인가?

(A) 소년이 화났다.

(B) 소년의 피부가 탔다.

(C) 소년이 창피해한다.

(D) 소년의 옷이 이상하다.

풀이 질문에서 소녀가 "너 새빨간색이야"라고 말한 이유를 중점적으로 들어야 한다. 화나거나, 창피하거나, 햇빛에 탄 경우 등을 예측할 수 있다. 대화에서는 햇빛에 타서 피부가 새빨간색으로 보인다고 하였으므로 (B)가 정답이다.

Words and Phrases shade 그늘 | strange 이상한, 낯선

3. Boy: Hi Stacey, do you want to catch a movie with me today?

Girl: Well, I have to babysit my little sister.

Boy: Umm... What about tomorrow?

Q. Why does the girl say, "Well, I have to babysit my little sister."?

(A) She is free tomorrow.

(B) She already has plans.

(C) She can watch the movie.

(D) She has two younger sisters.

정답 (B)

해석 소년: 안녕 Stacey, 나랑 오늘 영화 보지 않을래?
소녀: 글쎄, 오늘 여동생을 돌봐줘야 해.
소년: 음... 내일은 어때?

Q. 소녀는 왜, “글쎄, 오늘 여동생을 돌봐줘야 해”라고 말하는가?
(A) 그녀는 내일 한가하다.
(B) 그녀는 이미 계획이 있다.
(C) 그녀는 영화를 볼 수 있다.
(D) 그녀는 여동생이 두 명 있다.

풀이 질문에서 소녀가 “글쎄, 오늘 여동생을 돌봐줘야 해”라고 말한 이유를 잘 파악해야 된다. 오늘은 이미 계획이 있어서 소년의 제안을 거절한다는 것을 예측할 수 있으므로 (B)가 정답이다.

Words and Phrases catch a movie 영화 보러 가다 | babysit 아이를 돌보다

4. Boy: This sauce tastes too sweet!
Girl: Um... did you put something from that container in it?
Boy: Yeah, some salt. Why?
Girl: That was sugar, not salt.

Q. What is the boy's problem?
(A) salty food
(B) sugary sauce
(C) a missing container
(D) a melting chocolate bar

정답 (B)

해석 소년: 이 소스는 너무 달아!
소녀: 음... 저 용기에 담긴 것 뿌렸어?
소년: 응, 소금 조금. 왜?
소녀: 그거 설탕이었어, 소금이 아니라.

Q. 소년의 문제가 무엇인가?
(A) 짠 음식
(B) 지나치게 단 소스
(C) 잃어버린 용기
(D) 녹고 있는 초콜릿 바

풀이 질문에서 소년이 문제라고 한 것을 묻고 있어 소년이 처한 상황에 집중해야 한다. 대화에서 소년이 소스가 너무 달다고 했으므로 (B)가 정답이다.

Words and Phrases sauce 소스 | container 용기, 그릇 | sugary 설탕이 든; 지나치게 달콤한

유형 4-제안/요청/다음에 할 일 (p.88)

Step 3. Practice Test

1. Boy: There's an enormous caterpillar on the rug by that chair.
Girl: Do you want me to get rid of it for you?
Boy: Oh, can you?

Q. What does the girl offer to do for the boy?
(A) move the chair
(B) change the rug
(C) remove the insect
(D) switch seats with him

정답 (C)

해석 소년: 의자 옆에 양탄자에 엄청나게 큰 애벌레가 있어.
소녀: 내가 그거 치워줄까?
소년: 오, 그래줄래?

Q. 소녀가 소년에게 제안하는 것은 무엇인가?
(A) 의자 옮기기
(B) 양탄자 바꾸기
(C) 벌레 치우기
(D) 소년과 자리 바꾸기

풀이 질문에서 소녀가 소년에게 제안하는 것이 무엇인지 묻고 있으므로 소녀의 제안하는 말에 주목하는 것이 중요하다. “Do you want me to get rid of it for you?”를 통해 애벌레를 치워주겠다는 제안을 하였으므로 (C)가 정답이다.

Words and Phrases caterpillar 애벌레 | rug 양탄자 | get rid of 치우다, 없애다 | remove 치우다, 없애다

2. Girl: I'm making invitations, but nothing's coming out of the printer!
Boy: I'd try changing the ink cartridge. That's usually the problem.
Girl: Good idea.

Q. What does the boy recommend doing?

(A) writing with blue ink

(B) changing an ink cartridge

(C) printing invitations by hand

(D) sending invitations by email

정답 (B)

해석 소녀: 초청장을 만들고 있는데, 프린터에서 아무것도 안 나와!

소년: 잉크 카트리지를 바꿔봐. 보통 그게 문제야.

소녀: 좋은 생각이야.

Q. 소년이 무엇을 하는 것을 추천하는가?

(A) 파란색 잉크로 쓰기

(B) 잉크 카트리지 바꾸기

(C) 손으로 초대장 찍기

(D) 이메일로 초대장 보내기

풀이 질문에서 소년이 추천하는 것이 무엇인지 묻고 있으므로 소년의 제안에 집중해서 듣는 것이 중요하다. 프린터가 고장나서 초청장을 인쇄할 수 없다는 소녀의 말에 잉크 카트리지를 바꿀 것을 제안하였으므로 (B)가 정답이다.

Words and Phrases invitation 초청[초대]장, 초대[초청] | ink cartridge 잉크 카트리지 |

3. Boy: These flowers are beautiful.

Girl: Should we get some for Mrs. Kim?

Boy: Is she still in the hospital? Yes, then we definitely should.

Girl: I've got cash. I'll get them.

Q. What will the girl most likely do next?

(A) buy some flowers

(B) go to Mrs. Kim's shop

(C) pick flowers off a bush

(D) exit a hospital elevator

정답 (A)

해석 소년: 이 꽃들은 아름다워.

소녀: Kim 씨를 위해 조금 사갈까?

소년: 아직 병원에 계셔? 그래, 그럼 물론 그래야지.

소녀: 나 현금 있어. 내가 살게.

Q. 소녀가 다음에 할 일으로 가장 적절한 것은?

(A) 꽃을 조금 사기

(B) Kim 씨의 상점에 가기

(C) 덤불에서 꽃 따기

(D) 병원 엘레베이터에서 내리기

풀이 질문에서 소녀가 다음에 할 일이 무엇인지 묻고 있으므로 소녀가 어떤 일을 하겠다는 말에 집중해야 한다. 대화에서 소녀가 병원에 있는 Kim씨를 위해 꽃을 사겠다고 하였으므로 (A)가 정답이다. (C)는 꽃을 사는 것이 아닌 꽃을 덤불에서 딴다고 하였으므로 오답이다.

Words and Phrases definitely 물론; 확실히 | bush 덤불

4. Girl: Our soccer team is not doing well.

Boy: It's because we only practice once a week.

Girl: Yeah, we're busy.

Boy: We need to be on the field every day.

Q. What does the boy suggest?

(A) quitting the soccer team

(B) attending a big sports event

(C) trying out for a basketball team

(D) practicing a sport more frequently

정답 (D)

해석 소녀: 우리 축구팀이 잘 못하고 있어.

소년: 우리가 일주일에 한 번만 연습해서 그래.

소녀: 맞아, 우린 바빠.

소년: 운동장에 매일 와야 할 필요가 있어.

Q. 소년이 제안하는 것은 무엇인가?

(A) 축구팀 그만두기

(B) 큰 스포츠 대회에 참가하기

(C) 농구팀에 지원하기

(D) 운동을 더 자주 연습하기

풀이 질문에서 소년이 제안하는 것을 묻고 있으므로 대화에서 나타난 상황과 그에 대한 대안책 혹은 해결책을 집중해서 듣는 것이 중요하다. 대화에서 소년이 축구팀이 못하는 이유는 연습 시간이 적기 때문에 연습 시간을 늘려야 한다고 제안하고 있으므로 (D)가 정답이다.

Words and Phrases quit 그만두다 | attend 참석하다; 주의를 기울이다 | frequently 자주, 빈번하게

유형 5-이유/방법/시간 (p.96)

Step 3. Practice Test

1. M: Is the meeting canceled?
   W: Not canceled. It's just been delayed for half an hour.
   M: So it's not at 7:00 anymore?
   W: No, now it's at 7:30.

Q. What is the new meeting time?
(A) 6:00 PM
(B) 6:30 PM
(C) 7:00 PM
(D) 7:30 PM

정답 (D)

해석 남: 회의가 최소됐어?
여: 취소되진 않았어. 30분 미뤄졌을 뿐이야.
남: 그럼 7시가 더 이상 아닌 거네?
여: 맞아, 이제 7시 30분이야.

Q. 새로운 회의 시간은 언제인가?
(A) 6:00 PM
(B) 6:30 PM
(C) 7:00 PM
(D) 7:30 PM

풀이 새롭게 변경된 회의 시간을 묻는 질문이므로 새롭게 변경된 회의 시간에 관한 정보에 집중할 필요가 있다. 여자의 마지막 말에 'now it's at 7:30'라고 하였으므로 (D)가 정답이다.

Words and Phrases meeting 회의 | cancel 취소하다 | delay 미루다, 연기하다

2. Boy: How come Pedro's not here?
   Girl: He and his parents went to the airport to pick up his sister.
   Boy: Did you ask him about the concert?

Q. Why is Pedro not here?
(A) He is at a concert.
(B) He is at the airport.
(C) He is studying abroad.
(D) He is practicing the violin.

정답 (B)

해석 소년: 왜 Pedro는 여기에 없어?
소녀: 그와 그의 가족은 그의 누나를 데리러 공항에 갔어.
소년: 그에게 콘서트와 관련해서 물어봤어?

Q. Pedro가 왜 여기에 없는가?
(A) 그는 콘서트에 있다.
(B) 그는 공항에 있다.
(C) 그는 해외 유학 중이다.
(D) 그는 바이올린을 연습하는 중이다.

풀이 Pedro가 왜 여기에 없는지 물어보는 질문이므로 Pedro의 위치에 주의해서 듣는 것이 중요하다. 대화에서 그가 누나를 데리러 '공항(airport)'으로 갔다고 하였으므로 (B)가 정답이다.

Words and Phrases airport 공항 | concert 연주회, 콘서트 | study abroad 외국에서 공부하다

3. Girl: Is there a discount on this racing snowboard?
   M: Yes, with a current student photo ID.
   Girl: Great! This board could really improve my race time.

Q. How can the girl get a discount?
(A) by winning a race
(B) by being 65 or over
(C) by uploading a photo
(D) by showing a student card

정답 (D)

해석 소녀: 이 경주용 스노우보드는 할인되나요?
남: 네, 사진이 부착된 현행 학생증이 있으면 가능해요.
소녀: 좋아요! 이 보드가 제 경주 시간을 향상시켜 줄 수 있겠네요.

Q. 소녀가 할인을 받는 방법은 무엇인가?
(A) 경주에서 이길 경우
(B) 65세 이상일 경우
(C) 사진을 업로드할 경우
(D) 학생증을 보여줄 경우

풀이 소녀가 할인을 받는 방법을 묻고 있는 문제이다. 'a current student photo ID'를 통해 학생증이 있으면 가능하다는 것을 알 수 있으므로 (D)가 정답이다.

Words and Phrases discount 할인 | current 현행, 현재의 | improve 개선하다

4. Boy: What time is Uncle Fred's wedding?
Girl: Photos are at 10 AM, and the ceremony is at 11 AM.
Boy: No lunch?
Girl: Guests are invited to a dinner party and dancing at 7.

Q. When do the guests eat?
(A) at 10 AM
(B) at 11 AM
(C) at 12 PM
(D) at 7 PM

정답 (D)

해석 소년: Uncle Fred의 결혼식은 몇 시야?
소녀: 사진은 오전 10시에 찍고, 식은 오전 11시야.
소년: 점심은 없어?
소녀: 하객들은 7시에 있는 저녁 파티와 무도회에 초대되어 있어.

Q. 언제 하객들이 식사하는가?
(A) 오전 10시
(B) 오전 11시
(C) 오후 12시
(D) 오후 7시

풀이 하객들이 식사하는 시간을 묻고 있으므로 식사 시간과 관련한 정보에 집중해야 한다. 대화에서 하객들이 7시 저녁 식사에 초대된다고 하였으므로 (D)가 정답이다.

Words and Phrases wedding 결혼(식) | ceremony 식, 의식

Part B-2. Listen and Retell

유형 1-이야기/우화 (p.106)

Step 3. Practice Test

1. Girl: Mikah was a lazy girl who always delayed doing things. One day, she learned that she had won first prize in a singing contest held a month earlier. She delayed collecting the prize. Then, when she finally went to collect the prize it was useless. That was because, it was a ticket to a circus show held the previous day.

Q1. For which occasion did Mikah win the prize?
(A) a lottery
(B) a math test
(C) a marathon
(D) a singing contest

Q2. Why was the prize useless?
(A) Mikah missed the show.
(B) Mikah disliked the show.
(C) Mikah had already seen the show.
(D) Mikah received too few show tickets.

정답 (D), (A)

해석 소녀: Mikah는 항상 무언가 하는 것을 미루는 게으른 소녀였다. 어느 날, 그녀는 한 달 전에 개최된 노래 경연에서 1등을 했다는 소식을 알았다. 그녀는 그 상을 타러 가는 것을 미뤘다. 그 후, 그녀가 결국 상을 타러 갔을 때 그것은 쓸모없었다. 그 상은 전 날에 열린 서커스 공연의 입장권이었기 때문이었다.

Q1. Mikah가 어떤 행사에서 상을 받았는가?
(A) 복권
(B) 수학 시험
(C) 마라톤
(D) 노래 경연

Q2. 상이 왜 쓸모없었는가?
(A) Milkah가 공연을 놓쳤다.
(B) Milkah가 공연을 싫어했다.
(C) Milkah가 이미 그 공연을 봤다.
(D) Milkah가 너무 적은 공연 티켓을 받았다.

풀이 Q1. Mikah가 어떤 행사에서 상을 받았는지 물어보는 질문으로 행사의 종류에 관한 정보에 집중해야 한다. "One day, she had won the first prize in a singing contest."에서 노래 경연에서 수상하였다고 하였으므로 (D)가 정답이다.

Q2. 상을 받았으나 사용하지 못한 이유를 묻는 질문에 상이 바로 전 날 열렸던 서커스 공연의 입장권이었다고 언급되었으므로 (A)가 정답이다.

Words and Phrases lazy 게으른 | delay 미루다; 지연, 지체 | hold 열다, 개최하다 | lottery 복권 | collect 가지러 가다; 모으다 | previous 이전의 | receive 받다

2. Boy: A fox in a field looked at his shadow. It stretched for meters. He thought, "I must be bigger than I seem." It told a passing elephant, "You're not the biggest animal. See my shadow?" The elephant calmly said to the fox, "And have you seen mine?" The fox looked. The elephant's shadow stretched all across the field.

Q1. What is the story mainly about?
(A) a fox that swallowed an elephant
(B) how a fox stole an elephant's shadow
(C) a fox's boxing match with a large elephant
(D) how a fox thought it was bigger than an elephant

Q2. Why did the elephant say "And have you seen mine?"?
(A) It was in the wrong field.
(B) It could not find its jungle.
(C) It knew it had a big shadow.
(D) It wanted to show off a new stretch.

정답 (D), (C)

해석 소년: 들판에 있는 한 여우가 그의 그림자를 보았다. 그것은 몇 미터 뻗어 있었다. 그가 생각했다, "난 분명 내가 생각하는 것보다 더 커 보일 거야." 여우가 지나가는 코끼리에게 말했다, "너는 가장 큰 동물이 아니야. 내 그림자 보여?" 코끼리가 여우에게 차분하게 말했다, "내 것은 봤니?" 여우가 봤다. 코끼리의 그림자는 들판 전역으로 뻗어 있었다.

Q1. 주로 무엇에 관한 이야기인가?
(A) 코끼리를 삼킨 여우
(B) 어떻게 여우가 코끼리의 그림자를 훔쳤는가
(C) 큰 코끼리와 여우의 권투 시합
(D) 어떻게 여우가 코끼리보다 더 크다고 생각했는가

Q2. 코끼리가 "내 것은 봤니?"라고 말한 이유가 무엇인가?
(A) 코끼리가 엉뚱한 들판에 있었다.
(B) 코끼리가 그의 밀림을 찾지 못했다.
(C) 코끼리는 스스로가 큰 그림자를 갖고 있음을 알고 있었다.
(D) 코끼리는 새롭게 뻗어나간 것(코끼리의 그림자)을 과시하고 싶었다.

풀이 Q1. 글의 주제를 파악하는 것이 중요하다. "It stretched for meters."를 통해 여우의 그림자가 몇 미터 뻗어 나갔다고 했고 "He thought, "I must be bigger than I seem." 을 통해 여우가 자신이 생각하는 것보다 더 크다고 생각하게 되었다고 했으므로 (D)가 정답이다.

Q2. 'mine'이 무엇을 가리키는지 유추하는 문제로, 코끼리가 자신의 것을 보았냐고 묻자, 여우가 코끼리의 넓게 뻗어나간 그림자를 보았다고 했다. 'mine'은 코끼리의 그림자를 가리키는 것을 알 수 있으므로 (C)가 정답이다. (D)는 코끼리가 과시하고 싶어서 한 말이 아니고 자신의 그림자를 과시하는 여우에게 단지 '침착하게(calmly)' 그렇지 않음을 알려주는 내용이므로 오답이다.

Words and Phrases shadow 그림자 | stretch 뻗다, 늘이다 | passing 지나가는; 경과 | steal 훔치다 | calmly 침착하게; 고요히 | field 들판

유형 2-일기/일상문 (p.114)

Step 3. Practice Test

1. Boy: This winter, our family had the best vacation in Hawaii. We left Incheon at 9 AM. Once we were there, I swam every day. My parents watched a Hawaiian dance performance. My sister snorkeled the entire time. Our flight back home to Incheon was supposed to be at 3 PM a week later. However, the flight was delayed for an hour.

Q1. Which activity did the boy's sister do in Hawaii?
(A) canoe
(B) snorkel
(C) make a craftwork
(D) learn Hawaiian dance

Q2. When did the flight to Incheon leave?
(A) 7 AM
(B) 9 AM
(C) 3 PM
(D) 4 PM

정답 (B), (D)

해석 소년: 이번 겨울, 우리 가족은 하와이에서 최고의 방학을 보냈다. 우리는 오전 9시에 인천을 떠났다. 우리가 그곳에 있었을 때 나는 매일 수영을 했다. 나의 부모님은 하와이의 춤 공연을 보았다. 내 여동생은 내내 스노클을 했다. 인천으로 돌아가는 비행은 일주일 후 오후 3시로 되어있었다. 하지만, 그 항공편은 1시간 연기되었다.

Q1. 소년의 여동생이 하와이에서 한 활동은 무엇인가?
(A) 카누
(B) 스노클
(C) 공예품 만들기
(D) 하와이 춤 배우기

Q2. 인천으로의 항공편은 언제 떠났는가?
(A) 7 AM
(B) 9 AM
(C) 3 PM
(D) 4 PM

풀이 Q1. 소년의 여동생이 하와이에서 한 활동을 묻는 질문으로, 각각의 가족 구성원이 무엇을 했는지 듣기에서 설명하고 있으므로 다른 가족의 활동과 혼동하지 않도록 유의해야 한다. 소년의 여동생의 경우 "My sister snorkeled the whole time."에서 스노클을 했다고 하였으므로 (B)가 정답이다.

Q2. 인천으로 떠나는 항공편의 출발 시간을 묻는 질문이다. 인천에서 떠났던 시각(오전 9시)와 혼동해서는 안되고, 본래 오후 3시에 예정되어 있던 인천으로 떠나는 항공편이 한 시간 연기되었다고 하였으므로 (D)가 정답이다.

Words and Phrases performance 공연; 연주회 | snorkel 스노클하다 | flight 비행, 항공편 | be supposed to V …하기로 되어 있다 | delay 연기하다, 미루다 | activity 활동 | canoe 카누

2. Girl: I had a basketball game yesterday, so I was completely exhausted. I slept through my alarm and missed the school bus. My mother had to drive me to school. This was my third time being late for school, so my social studies teacher gave me extra homework as a punishment. To make matters worse, I lost my pencil case.

Q1. What is the main topic of the journal?
(A) a lost pencil case
(B) how to use an alarm clock
(C) bad things happening in a row
(D) why the girl hates social studies

Q2. Why was the girl assigned extra homework?
(A) because she lost her workbook
(B) because she lied to her mother
(C) because she was late for the third time
(D) because she missed her basketball practice

정답 (C), (C)

해석 소녀: 나는 어제 농구 경기가 있었고, 그래서 나는 완전히 기진맥진했다. 나는 알람을 무시하고 잤고 학교 버스를 놓쳤다. 나의 엄마는 나를 학교로 데려다주셔야 했다. 학교에 늦은게 이번이 세 번째이어서 사회 선생님께서 벌로 추가 숙제를 주셨다. 설상가상으로, 나는 필통을 잃어버렸다.

Q1. 일기는 주로 무엇에 관한 이야기인가?
(A) 잃어버린 필통
(B) 알람 시계를 사용하는 방법
(C) 연달아 일어나는 나쁜 일들
(D) 소녀가 사회 과목을 싫어하는 이유

Q2. 소녀는 왜 추가 숙제를 받았는가?
(A) 연습 문제집을 잃어버렸기 때문에
(B) 엄마에게 거짓말을 했기 때문에
(C) 지각을 세 번 했기 때문에
(D) 농구 연습에 빠졌기 때문에

풀이 Q1. 글의 주요 화제를 묻는 질문으로 알람을 무시하고 자서 버스를 놓친 것을 시작으로 벌로 숙제를 받고, 필통도 잃어버림으로써 나쁜 일이 연달아 일어나는 내용이므로 (C)가 정답이다. (A)의 경우 내용의 일부만 반영하므로 오답이다.

Q2. 'This was my third time being late for school, so my social studies teacher gave me extra homework' 에서 지각을 세 번 해서 선생님이 벌로 추가 숙제를 주었다는 것을 알 수 있으므로 (C)가 정답이다.

Words and Phrases completely 완전히, 전적으로 | exhausted 기진맥진한 | extra 추가의 | social studies (학교 교과로서의) 사회 | punishment 벌, 형벌 | to make matters worse 설상가상으로 | assign (일, 책임 등을) 맡기다

유형 3-묘사문/강의/발표 (p.122)

Step 3. Practice Test

1. M: My office mates were concerned about dust in spring, so we decided to buy a new air pollution monitor. We chose the product because it's nice and compact, and it connects to a USB port. It also comes with a free mobile app. The monitor lets us know if there are harmful gases, and it measures air temperature and humidity.

Q1. What is being described?

(A) a USB cable
(B) an air humidifier
(C) a vacuum cleaner
(D) an air pollution monitor

Q2. According to the speaker, which of the following is NOT correct about the product?

(A) Its size is compact.
(B) It connects to a USB port.
(C) It measures air temperature.
(D) Its app can be bought separately.

정답 (D), (D)

해석 남: 나의 사무실 동료들은 봄에 있는 먼지에 대해 염려하였고, 그래서 새로운 공기 오염 감시 장치를 사기로 결정하였다. 우리는 좋고 소형인데다가 USB 포트에 연결할 수 있기 때문에 그 제품을 선택했다. 그리고 무료 모바일 앱이 포함되어 있다. 그 감시 장치는 해로운 기체가 있는지 우리가 알게끔 해주고, 공기 온도와 습도를 측정한다.

Q1. 무엇이 서술되고 있는가?

(A) USB 전선
(B) 공기 가습기
(C) 진공 청소기
(D) 공기 오염 감시 장치

Q2. 화자에 따르면, 다음 중 제품에 대해 옳지 않은 것은 무엇인가?

(A) 크기가 소형이다.
(B) USB 포트에 연결된다.
(C) 공기 온도를 측정한다.
(D) 제품의 앱은 따로 구매될 수 있다.

풀이 Q1. 봄에 있을 먼지에 대비하여 '공기 오염 감시 장치(air pollution monitor)'를 구매하기로 결심하였다고 한 후, 제품의 여러 특징들을 서술하고 있으므로 (D)가 정답이다. (B)의 경우 장치가 가습을 하는 것이 아닌 습도를 측정한다고만 하였기 때문에 오답이다.

Q2. 내용 일치 문제이므로 필요시 필기를 하며 세부 정보를 기록하는 것도 좋은 방법이다. "It also comes with a free mobile app."을 통해 제품의 앱은 무료로 사용할 수 있다는 것을 알 수 있으므로 (D)가 정답이다.

Words and Phrases concerned 염려[걱정]하는 | mate 친구, 동료 | pollution 오염 | monitor 감독하다, 감시하다; 감시 장치; 화면 | compact 소형의, 작은; 촘촘한 | harmful 해로운 | measure 측정하다 | temperature 온도 | humidity 습도 | separately 분리되어, 따로

2. W: As this graph shows, we estimate that car sales will rise from 2022 and peak around 2035. By that time, working from home and the use of electric vehicles will be common. This will lead to a decline in global car sales. By 2040 we'll see a change in city design from car-centered cities to smart cities built for people.

Q1. What is the best title for the presentation?

(A) The Future of Homes
(B) Water Planning in Smart Cities
(C) A Forecast for Global Car Sales
(D) The Popularity of Electric Vehicles

Q2. According to the speaker, around what year will car sales peak?

(A) 2022
(B) 2025
(C) 2035
(D) 2040

정답 (C), (C)

해석 여: 그래프가 보여주듯이, 우리는 차량 판매가 2022년부터 증가하여 2035년쯤에 절정에 도달할 것으로 추산합니다. 그때쯤이면, 집에서 근무하는 것과 전기자동차의 사용이 흔해질 것입니다. 이는 세계적인 차량 판매의 감소로 이어질 것입니다. 2040년쯤이면 차량 중심 도시에서 사람들을 위해

지어진 스마트 도시로의 도시 설계 변화를 보게 될 것입니다.

Q1. 발표의 가장 적절한 제목은 무엇인가?
(A) 주택의 미래
(B) 스마트 도시에서의 수도 계획
(C) 세계 차량 판매에 대한 예측
(D) 전기자동차의 유행

Q2. 화자에 따르면, 언제쯤 차량 판매가 절정에 도달할 것인가?
(A) 2022년
(B) 2025년
(C) 2035년
(D) 2040년

풀이 Q1. 차량 판매가 2022년부터 증가하여 2035년쯤에 절정에 도달하지만 이후 전기자동차와 재택 근무의 대중화로 세계적으로 차량 판매가 줄어들 것이며 차량 중심 도시가 아닌 스마트 도시가 건설될 것이라는 내용이므로 세계적인 차량 판매에 예측을 설명한 (C)가 정답이다.

Q2. 차량 판매가 2022년부터 증가하여 2035년쯤에 절정에 도달한다고 했으므로 (C)가 정답이다. 화자의 발표에서 년도가 여러 번 언급되기 때문에 혼동하지 않는 것이 중요하다.

Words and Phrases estimate 추산[추정]하다; 추정 | peak 절정, 정점 | electric vehicle 전기자동차 | common 흔한, 공통의 | decline 감소; 줄어들다 | global 세계적인; 지구의 | city design 도시 설계 | presentation 발표; 제출 | water plan 수도 계획 | forecast 예측, 예보 | popularity 유행, 인기

유형 4-공지/일정/뉴스 (p.130)

Step 3. Practice Test

1. M: Spend an hour with our student guide exploring our beautiful campus. We offer guided tours 7 days a week, at 11:30 AM and 3:30 PM. It lasts for one hour and is free of charge. The tour departs from the visitor center and covers the central campus, including the library and galleries. Reservations are not required.

Q1. What kind of tour is being announced?
(A) a park tour
(B) a garden tour
(C) a campus tour
(D) a museum tour

Q2. What time does the first tour end?
(A) 11:30 AM
(B) 12:30 PM
(C) 1:30 PM
(D) 3:30 PM

정답 (C), (B)

해석 남: 학생 가이드와 함께 한 시간 동안 아름다운 캠퍼스를 답사해보세요. 저희는 주 7일, 오전 11시 30분과 오후 3시 30분에 답사 안내를 제공합니다. 답사는 1시간 소요되며 무료입니다. 답사는 방문자 센터에서 출발하고 도서관과 미술관을 포함한 캠퍼스 중심부를 갑니다. 예약은 필요하지 않습니다.

Q1. 어떤 종류의 답사가 안내되고 있는가?
(A) 공원 답사
(B) 정원 답사
(C) 캠퍼스 답사
(D) 박물관 답사

Q2. 첫 번째 답사가 끝나는 시간은 언제인가?
(A) 오전 11시 30분
(B) 오후 12시 30분
(C) 오후 1시 30분
(D) 오후 3시 30분

풀이 Q1. 듣기 초반부에 'exploring our beautiful campus'을 통해 캠퍼스 답사임을 알 수 있으므로 (C)가 정답이다.

Q2. 답사는 오전 11시 30분과 오후 3시 30분에 진행된다. 'It lasts for one hour'를 통해 1시간 동안 답사를 한다는 것을 알 수 있다. 첫 번째 답사가 시작되는 11시 30분의 1시간 후는 12시 30분이므로 (B)가 정답이다.

Words and Phrases explore 답사[탐사/탐험]하다 | campus 캠퍼스, 교정[구내] | offer 제공하다 | free of charge 무료로 | depart 떠나다[출발하다] | reservation 예약 | require 필요[요구]하다 | include 포함하다

2. W: On June 19th, Manui Island was hit by golf-ball-sized hail that destroyed car windshields and killed hundreds of animals. Last Friday, June 15th, the Weather Center had warned residents of damaging winds and giant hailstorms. This is the second hailstorm to hit the region this year. The Center also forecasts severe floods starting from June 23rd.

Q1. When did the Weather Center give a warning?

(A) June 15th
(B) June 19th
(C) June 23rd
(D) June 25th

Q2. Which does the speaker NOT mention?

(A) floods
(B) winds
(C) hailstorms
(D) thunderstorms

정답 (A), (D)

해석 여: 6월 19일, Manui 섬에는 골프공 크기의 우박이 내려 자동차 앞 유리가 파손되고 수백 마리의 동물이 목숨을 잃었다. 지난 금요일인 6월 15일, 기상 센터는 피해를 주는 바람과 거대한 우박을 동반한 폭풍을 거주민들에게 경고하였다. 이는 올해 그 지역을 강타한 두 번째 우박을 동반한 폭풍이다. 센터는 또한 6월 23일부터 심각한 홍수가 시작될 것을 예보하였다.

Q1. 언제 기상 센터가 경보를 발령하였는가?

(A) 6월 15일
(B) 6월 19일
(C) 6월 23일
(D) 6월 25일

Q2. 화자가 언급하지 않은 것은 무엇인가?

(A) 홍수
(B) 바람
(C) 우박을 동반한 폭풍
(D) 뇌우

풀이 Q1. 듣기에서 여러 날짜가 언급되어 있으므로 듣기 중 필기하는 것도 좋은 방법이다. 우박이 강타한 날은 19일, 이에 대한 경보는 6월 15일, 그리고 홍수가 시작될 것으로 예보된 날은 6월 23일이므로 (A)가 정답이다.

Q2. 전반적으로 우박을 동반한 폭풍을 주제로 다루고 있으며, 이에 더하여 (B)바람 'damaging winds and giant hailstorms'와 , (A)홍수'severe floods starting from June 23rd'를 언급하였으므로 (D)가 정답이다.

Words and Phrases island 섬 | hail 우박 | destroy 파괴하다 | windshield 전면 유리, 바람막이 창 | weather center 기상청 | flood 홍수 | warn 경보[경고]하다 | region 지역 | forecast 예보[예측]하다 | severe 심각한, 극심한 | thunderstorm 뇌우

Part C. Listen and Speak

유형 1-Yes/No 의문문 (p.142)

Step 3. Practice Test

1. Boy: Where is Ashley?
Girl: She's at her grandparents' house.
Boy: Isn't she supposed to come to the party?

Q. What's next?

(A) Yes, she likes parties.
(B) Yes, she's at the party.
(C) No, she doesn't have enough time.
(D) No, he needs to see his grandparents.

정답 (C)

해석 소년: Ashley 어디 있어?
소녀: 그녀는 조부모님 댁에 있어.
소년: 그녀가 파티에 오기로 하지 않았어?

Q. 다음으로 올 것은 무엇인가?

(A) 응, 그녀는 파티를 좋아해.
(B) 응, 그녀는 파티에 있어.
(C) 아니, 그녀는 시간이 없어.
(D) 아니, 그는 그의 조부모님을 만나야 해.

풀이 Ashley가 파티에 오지 못한 이유는 조부모님 댁에 있기 때문이다. 그녀는 파티에 올 시간이 없다고 말할 수 있으므로 (C)가 정답이다.

Words and Phrases grandparents 조부모님 | supposed to ~하기로 하다

2. Girl: I'm planning to watch 'The Haunted House' with Peter today.
Boy: Is it a horror movie?
Girl: Yes! Do you want to watch it too?

Q. What's next?
(A) No, I love horror movies.
(B) No, I don't like to exercise.
(C) Yes, horror movies are the best!
(D) Yes, let's go to the haunted house.

정답 (C)

해석 소녀: 나는 오늘 Peter와 함께 '귀신의 집'을 볼 계획이야.
소년: 공포 영화야?
소녀: 응! 너도 보고 싶니?

Q. 다음으로 올 것은 무엇인가?
(A) 아니, 나 공포 영화 좋아해.
(B) 아니, 난 운동하는 걸 좋아하지 않아.
(C) 응, 공포 영화가 최고지!
(D) 응, 귀신의 집에 가자.

풀이 영화에 대한 대답으로 (A)와 (C)가 있다. (C)는 긍정의 의사표현이 일관적이므로 (C)가 정답이다.

Words and Phrases plan 계획하다 | haunted 귀신이 나오는 | horror movie 공포 영화 | exercise 운동하다

유형 2-의문사 의문문 (p.150)

Step 3. Practice Test

1. Boy: What time is the play on Sunday?
Girl: There is a morning and an evening show.
Boy: What time is the evening show?

Q. What's next?
(A) It is at 7 PM.
(B) It starts at 11 AM.
(C) It ended a little early.
(D) It was absolutely fantastic.

정답 (A)

해석 소년: 일요일 연극은 몇 시니?
소녀: 아침과 저녁 공연이 있어.
소년: 저녁 공연은 몇 시니?

Q. 다음으로 올 것은 무엇인가?
(A) 오후 7시야.
(B) 오전 11시에 시작해.
(C) 조금 일찍 끝났어.
(D) 정말 환상적이었어.

풀이 시간을 묻는 When 의문문으로 구체적인 시간과 관련한 대답은 (A)와 (B)가 있다. 저녁 공연 시간을 물어봤으므로 (A)가 정답이다.

Words and Phrases play 연극 | evening 저녁 | show 쇼, 공연

2. Girl: Do you know where Emma is?
Boy: Oh, she went to the school library.
Girl: Why did she go there?

Q. What's next?
(A) She arrives at 6.
(B) She walked to the library.
(C) She wants to read books.
(D) She borrowed a pen from me.

정답 (C)

해석 소녀: Emma 어디 있는지 아니?
소년: 아, 그녀는 학교 도서관에 갔어.
소녀: 그녀는 거길 왜 갔니?

Q. 다음으로 올 것은 무엇인가?
(A) 그녀는 6시에 도착해.
(B) 그녀는 도서관으로 걸어갔어.
(C) 그녀는 책을 읽고 싶어 해.
(D) 그녀는 나에게 펜을 빌렸어.

풀이 이유를 묻는 Why 의문문이다. Emma가 도서관에 간 이유로 여기서 가장 적합한 대답은 '그녀가 책을 읽고 싶어서'이므로 (C)가 정답이다.

Words and Phrases library 도서관 | borrow 빌리다 | arrive 도착하다

유형 3-세부내용 파악하기 (p.158)

Step 3. Practice Test

1. M: What are you going to eat for dinner?
W: Didn't you say you were coming home late?
M: Oh, the meeting got canceled.

Q. What's next?
(A) I have two meetings left.
(B) I had a sandwich for lunch.
(C) You should've told me earlier.
(D) Why are you coming home late?

정답 (C)

해석 남: 저녁 뭐 먹을 거야?
여: 너 집에 늦게 온다고 하지 않았어?
남: 아, 회의가 취소됐어.

Q. 다음으로 올 것은 무엇인가?
(A) 나는 두 개의 회의가 남았어.
(B) 나는 점심으로 샌드위치 먹었어.
(C) 나한테 진작 알려줬어야지.
(D) 왜 집에 늦게 오니?

풀이 여자는 남자가 집에 늦게 오는 것으로 알고 있었기 때문에, 미리 알려줬으면 하는 바람이 나타나는 대답이 적절하므로 (C)가 정답이다.

Words and Phrases late 늦게 | meeting 회의 | cancel 취소하다

2. Girl: I didn't know you took ballet!
Boy: Yeah, for five years now.
Girl: You must be so good!

Q. What's next?
(A) Ballet is for girls.
(B) I'm not that great.
(C) Give me five, please.
(D) You've worked hard.

정답 (B)

해석 소녀: 난 네가 발레를 배우는지 몰랐어!
소년: 응, 5년 됐어.
소녀: 정말 잘하겠다!

Q. 다음으로 올 것은 무엇인가?
(A) 발레는 소녀들을 위한 거야.
(B) 난 그렇게 잘하진 않아.
(C) 다섯 개 주세요.
(D) 너 열심히 했어.

풀이 소녀의 발레 실력에 대한 추측에 대해 소년의 겸손한 대답이 여기서 가장 적절하므로 (B)가 정답이다.

Words and Phrases early 일찍 | take 듣다, 수강하다 | ballet 발레 | work 일하다 | hard 열심히

유형 4-문맥 파악하기 (p.166)

Step 3. Practice Test

1. Girl: Can you help me move the sofa?
Boy: Sure! I'll hold this side.
Girl: Thanks for helping me.

Q. What's next?
(A) I will help you.
(B) I'm glad to help.
(C) Sorry, I'm busy now.
(D) I don't want to be here.

정답 (B)

해석 소녀: 소파 옮기는 것 좀 도와주겠니?
소년: 물론이지! 내가 이쪽을 잡을게.
소녀: 도와줘서 고마워.

Q. 다음으로 올 것은 무엇인가?
(A) 내가 도와줄게.
(B) 도와줄 수 있어서 기뻐.
(C) 미안해, 지금 바빠.
(D) 나 여기에 있고 싶지 않아.

풀이 소녀가 소년에게 고마움을 표시하고 있고 대화는 긍정적인 분위기임을 알 수 있으므로 (B)가 정답이다.

Words and Phrases move 옮기다 | sofa 소파 | hold 잡다 | side 쪽 | busy 바쁜 | glad 기쁜 | help 돕다

2. Girl: Don't you think it's too cold?
Boy: I opened the windows to get fresh air.
Girl: I have a big test tomorrow.

Q. What's next?

(A) When is it?

(B) Sorry. I will close them.

(C) Tests are helpful for you.

(D) I should open the windows more.

정답 (B)

해석 소녀: 너무 춥지 않아?

소년: 나는 신선한 공기를 마시기 위해 창문을 열었어.

소녀: 나 내일 중요한 시험이 있어.

Q. 다음으로 올 것은 무엇인가?

(A) 언제야?

(B) 미안해. (창문을) 닫을게.

(C) 시험은 너에게 도움이 돼.

(D) 창문을 좀 더 열어야겠어.

풀이 소녀의 마지막 말에는 내일 중요한 시험이 있으니 문을 닫아줬으면 좋겠다라는 말을 함축하고 있으므로 (B)가 정답이다.

Words and Phrases cold 추운 | fresh 신선한 | air 공기 | close 닫다 | helpful 도움이 되는

memo

memo